唐津

karatsu

やきものルネサンス

青柳恵介
荒川正明
川瀬敏郎
西田宏子

【撮影】野中昭夫

とんぼの本
新潮社

目次
contents

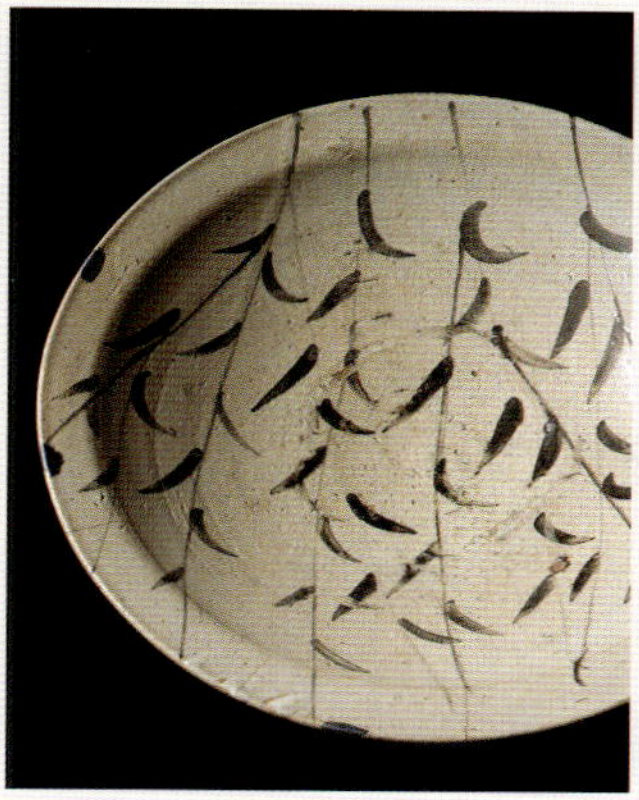

［前頁右から］《絵唐津草文ぐい呑》 桃山時代 高7.5cm/《絵唐津松文陶片》 桃山時代 長21.3cm/《緑釉刻花牡丹唐草文瓶》 江戸時代（1650～90年頃） 高36.8cm/《奥高麗茶碗 銘「さざれ石」》 桃山時代 高8.4cm 出光美術館/《絵唐津柳文大皿》 桃山時代 径38.7cm

唐津城より見下ろした虹の松原　「虹」の名は、
湾岸沿いに5km程の弧を描く姿からの美称という

からつ、という音のひびきは、やきもの好きの心をさわがせる。斑唐津、絵唐津、朝鮮唐津など、桃山時代にすでに人気商品として各地に流通していた古唐津の意匠は、いまみても力づよく、美しい。

ここは虹の松原、名高い景勝地である。いまから400年とすこしまえのある日、この唐津湾からやきものの碗皿を積んだ船が出帆した。その器はまだ、みばえのしない雑器だったけれども、轆轤と焼成の技術は日本のどこの窯場ともちがっていた。

唐津のカラは朝鮮の韓《カラ》だという。唐津の港から出荷されたために「唐津焼」とよばれることになる器をつくりはじめたのは、海をわたってきた朝鮮の陶工だった。彼らがもちこんだ技術がのちにあの伊万里磁器を生んだことを思えば、日本のやきものをかえたのは唐津、といえるかもしれない。

虹の松原を歩く　唐津藩の初代藩主によって慶長年間（1596〜1615）に植林された防風防潮林だが、絵唐津に松の文様［左頁］が多いことと、何か関わりはあるのだろうか。

第一章
古唐津礼讃

絵唐津といえば松文　その代表が本作で、
ひょろひょろと伸びる枝の線が楽しい
《絵唐津松文大皿》　桃山時代　径36.3cm
出光美術館

絵唐津
終りなき線の快楽

ぐるりぐるりと渦を巻きながら
連続してゆく蔓草のリズム。まるで舞踏を見ているかのような、古唐津らしい筆の運びである。

絵唐津とは鉄絵具を用いて素地に文様を描き
釉薬を掛けて焼いたもの
《絵唐津葦文壺（水指）》　部分（全図は47頁）
桃山時代　口径16.6cm　出光美術館

朝鮮唐津
白と黒の絶景

《朝鮮唐津徳利》　桃山時代
高23.3cm　逸翁美術館

「朝鮮唐津」とは白濁色と黒色の釉を掛けわけたものをいう。この徳利はいびつで野趣に富んだ姿と、雪崩のような白濁釉の景色が見どころ。阪急グループの創始者、逸翁小林一三の旧蔵品で、彼はこれを花入として用いた。

[左上]右頁の徳利の背面　白と黒の釉を掛け残した素地は赤味を帯び、それも景色となっている
[左]底に高台がないのは「叩き」の技法で成形したため「叩き」とは器の内壁に板を当て、外側を板で叩き締めて形を作ること　朝鮮唐津の器は徳利や壺、水指など、いわゆる袋物が多いが、それらは「叩き」作りによる

斑唐津
おぼろに色めく肌

《斑唐津鉄斑文壺》　桃山時代
高17.7cm　萬野美術館

［右］肩に跳ねる六つの文様も興趣に富むが、口縁をまだらに彩る鉄釉も効いている
［右下］高台は削り出しによる　薄くかすれるような釉調が渋い　こうして逆さにして見ると、たっぷりとした胴の張り、まろまろとした形がよくわかる

「斑唐津」は白濁した釉を器全体に掛けたもので、釉調にまだらな色むらが出る。無地がほとんどだが、この壺は鉄釉を6ヶ所に打ち掛けた異色作で、柳宗悦が「神品」と讃えた。

伊万里市藤の川内にある茅ノ谷窯址　古唐津最盛期に操業していた窯で、おもに朝鮮唐津の諸品を焼いた　南向きの見晴しのよい斜面に全長52メートル、22の焼成室を持つ連房式の登窯が築かれていた

まずは名称の話から。「唐津焼」とはいうものの、じつは窯址は唐津市内にほとんどない［36頁の地図参照］。多いのは伊万里や有田といった佐賀鍋島藩内の地域である。また、最初に唐津が焼かれたのは岸岳の麓。それなのになぜ「唐津」なのかといえば、岸岳で焼いた器を唐津の港より出荷したからだという。時代はおそらく天正年間の末（1580年代後半）。陶工は海をわたってきた朝鮮人だった。1592年にはじまる秀吉の朝鮮出兵、いわゆる「やきもの戦争」よりもまえの話になる。

そのころの日本は秀吉が天下をたいらげ、京や堺、博多の豪商が鉱業や手工業を育成し、国は栄えていた。聚楽第にみられるような黄金趣味、ポルトガル人がもたらした南蛮文化、そして利休の侘茶湯と、絢爛と枯淡がはげしくせめぎあうかのような桃山の世に唐津というやきものは登場し、たちまち人気商品となった。

当時流行していたやきものは、染付や呉州《ごす》赤絵《あかえ》といった中国の華麗な大皿、井戸や粉《こ》引《ひき》などの侘びた高麗茶碗、和物茶陶では焼締の備前、信楽、そして新興の志野と織部。そのなかで唐津は、茶碗も焼けば大皿もつくり、ふだんづかいの雑器も大量に生産するという、幅のひろさできわだっていた。なにしろいま知られているだけでも200をこえる窯址があり、作風も多様だから、よびかたがいろいろある。

「絵唐津」は文字どおり器に文様を描いたもので、桃山古唐津の最盛期、慶長年間（1596〜1615）に量産された。北大路魯山人の言葉をひこう。〈なんの造作もなさそうな粗野な禿筆になるバカバカしいような絵ではありますが、しかも古今を通ずる名画の味がありますね。蕪村などの力では遠く遠く及ばないほどの筆力の雄勁さがあります〉

「斑《まだら》唐津」は藁灰による白濁した釉が器全体にかけられ、そこにほの青く斑文があらわれる。岸岳周辺の初期の窯で焼かれた。12頁の壺を評した柳宗悦の言葉がすごい。〈人間が考えて作ったものと云うより、神様が作ってくれた品物と云う方がいい。（略）健康なので健康なんか一々意識してない作品〉

「朝鮮唐津」は白濁色の藁灰釉と黒色の釉をかけわけた白黒のやきもの。徳利、花入、水指など、いわゆる袋物が多い。名の由来は、かつては朝鮮の産とみなされていたためとか。

ほかにも備前風の「備前唐津」、瀬戸風の「瀬戸唐津」、釉色によって「黒唐津」「青唐津」「黄唐津」などがある。「奥高麗」というのはある種の茶碗をさす言葉だが、その話はまたあとで。

こうした古唐津の諸製品が焼かれていたのは1630年代までで、以後、唐津は急速に衰退する。その理由については、これもまたあとで。［編集部］（以下［編］）

絵唐津大皿のなかでも最大級のもの　瀟洒で流麗な枝垂柳の文様は琳派の意匠を思わせるが、天地を逆にして葦文とする見方もある
《絵唐津柳文大皿》　桃山時代　径38.7cm

月花もなくて酒のむひとり哉

「備前の徳利、唐津のぐい呑」これぞ左党垂涎のとりあわせである。右は益田鈍翁旧蔵の《備前鳶口耳付徳利》、左は小林秀雄旧蔵《斑唐津盃》。

タイトル代りに添えたのは芭蕉による独酌の句　2点とも桃山時代　高4・3cm（左）

右頁のぐい呑の見込と高台（図版原寸）
淡雪のような白釉に差すほのかな青み、
そして赤黄味を帯びてざんぐりと焼締
まった土　斑唐津のぐい呑は酒をうま
くするといわれるのも頷ける

ある人の、古唐津ぐい呑コレクション
長年つかいこまれて、酒をたっぷりと
吸った肌の味わいは「渋い」の一言
いずれも桃山時代　高5.0cm（左端）

骨董道楽は酒器にきわまる、という。わかる気がする。みためだけでなく、手ざわりと口あたりをながい時間たのしめて、しかも酒にも酔えるのだから。なかでも「備前の徳利、唐津のぐい呑」というのが左党垂涎のとりあわせである。理由はいろいろだろうが、備前については、小林秀雄が書いている。

〈徳利を取り上げると、重い暖かい燗酒の中味が外に伝わって来る。その手触りだけから言っても、備前は晩酌用に作られていると言っていいくらいである〉

備前と唐津のとりあわせを重宝がるようになったのは大正から昭和にかけてではないかという。明治の煎茶趣味が終り、益田鈍翁や原三溪といった財界茶人がしのぎをけずるようになった時代に、茶懐石用の酒器としてみいだされたのではないか。

18頁の備前鳶口徳利は鈍翁旧蔵のもの、斑唐津のぐい呑は小林秀雄がもっていた。どちらもいまはある人のもちものである。

右頁の五つもそう。その人は骨董が好きになってすでに50年近く、和物をおもにいろいろ買ったけれどもゆきついたのは唐津だといった。燗酒を飲むのに磁器の盃では味気ない、おおぶりの唐津でやるのがいちばんだ。

唐津のぐい呑で飲む酒がうまいのは、職人がかまえてつくっていないからだと、陶芸家の小山岑一《しんいち》さんはいう。腕のある職人が喰いぶちをかせぐために、よけいなことを考えず、とにかく数をつくる。そうした、こだわりのないひたむきさが、ぐい呑にかぎらず古唐津の器のとりえなのだろう。

小林秀雄の話をもうひとつ。井伏鱒二の文章で。

〈小林は、今日も骨董屋巡りをした帰りだと云って、懐中から唐津のぐい呑を二つ取出した。

「これだって、相当な唐津だよ。君、この良さがわかるかね。わかったら、一つ呉れてやるよ。この小さい方を、呉れてやろうか」

そのぐい呑を、小林は指先でこすりながらそう云った。（略）

「俺はこの三年間、骨董に夢中になっていた。おかげで、やっと文学がわかるようになったよ」

そう云って、小さい方のぐい呑を懐中に蔵った。貰って置くべき唐津であった〉

わかるかね？　ときかれて、わかる、なんてこたえたら、めんどうなことになっただろうなあと思う。けれどもそのめんどうもまたたのしみのうちなのだから、骨董好きは業がふかい。そこが文学と似ているのだろうか。

タイトルにみたてた〈月花もなくて酒のむひとり哉〉は芭蕉の作だけれど、この句は〈月花〉という文学的な業にとりつかれた男の、つかのまの安息とも読めるし、あるいは逆に〈月花〉という業からどこまでものがれられない男の、自嘲のまじった、自画像とも読める。［編］

奥高麗茶碗のおおらかな侘び

枇杷色の肌に濃茶が映える
松平不昧旧蔵の奥高麗茶碗
「秋夜」。高麗茶碗写しの古
唐津茶碗を「奥高麗」と呼ぶ。

「一楽、二萩、三唐津」という言葉がある。和物茶碗の格づけをしめすものだが、べつに「一井戸、二楽、三唐津」といういいかたもあり、このほうが古いともいわれる。井戸はいうまでもなく高麗茶碗の一種で、侘茶の茶碗としては利休のころからいまにいたるまで、もっとも格が高い。楽茶碗は利休直伝の好みだからとうぜん入る。そして唐津。志野でも織部でもなく。

　ただし唐津といっても、奥高麗茶碗といわれる手のものである。その「奥高麗」がよくわからない。なにか定義があるのかと思って今回の取材でも幾人かにきいたのだけれど、わかったのは高麗茶碗、それも熊川《こもがい》とよばれる手の写しであること、すなわち枇杷色の肌で、文様がなく、高台には釉をかけない、というくらい。例外は利休所持の伝来がある「子《ね》のこ餅」銘の茶碗で、それは椀なりの熊川とはことなる筒形ながら、奥高麗とみなされている。奥高麗は茶人の注文品で、あまり数がないため、無地唐津の碗が奥高麗に化けていることもあるらしい。

　かつては朝鮮（高麗）の奥の満州でつくられたものとか、高麗茶碗の古作と考えられていたようで、高橋箒庵《そうあん》の『大正名器鑑』にもそうした記述があるのだけれど、古唐津のいくつかの窯址から、この手の陶片が出土している。

　唐津の茶碗には奥高麗以外にも、絵唐津［42頁下］や瀬戸唐津［49頁中］や彫唐津などがあり、優品も多い。けれども格（つまり茶人の評価）では、やはり奥高麗に一歩ゆずるようである。（28頁につづく）

《奥高麗茶碗　銘「秋夜」》
桃山時代　高8・6cm　出光美術館

銘「さざれ石」石川丈山所持

奥高麗茶碗は大ぶりで堂々とした作が多い。石川丈山は洛北「詩仙堂」に住した江戸前期の文人。銘の「さざれ石」は、腰から高台脇にかけてカイラギ状に粒立つ釉の景色による。

《奥高麗茶碗　銘「さざれ石」》
桃山時代　高8.4cm　出光美術館

銘「秋夜」松平不昧所持

不昧松平治郷は江戸後期の松江の名君にして大茶人。本作は不昧収集の名物を記した『雲州蔵帳』にも登場する。銘「秋夜」の由来は……優美な姿をまえに、ゆっくりと考えてみたい。

《奥高麗茶碗　銘「秋夜」》
桃山時代　高8.6cm　出光美術館

「さざれ石」の見込と高台

［左上］深々とした見込には、重ね焼きの際の目跡が三つある
［左］角が取れてまろやかに、スベスベになった高台は伝世品ならでは

「秋夜」の見込と高台

［右］見込は深いというより広く、たっぷりとしている　目跡はない

［右下］高台脇の土をぐるりと箆で削り落した様子がわかる　高台の畳付に残る幾筋もの線は、轆轤から茶碗を取りあげるときに付いた糸切りの跡である

銘「三宝」奥高麗を代表する名碗

今回掲載した3碗はいずれも奥高麗の名碗。そのうち銘「三宝」の茶碗［下］について、仏文学者で愛陶家の青柳瑞穂が書いている。

〈日本製の茶碗で一個を選べといわれたら、わたくしは迷うことなくこれを取るだろう。それにこの茶碗は、所有しなければ、高麗茶碗同様、その全部の美しさを見せてはくれないような気がする。その点、志野など、「卯の花墻」をもってしても、たとえ所有したところで、これ以上に新しい秘密を見せてくれるとは思えない。織部にいたってはなおさらである〉

日本のやきものはたいていそうだけれど、とくに茶碗はつかってみなければわ

名碗たる理由は、穏やかながらも曲折のある器形、枇杷色と灰青色が混じりあった微妙な釉色、陶土に残った石粒による偶然の景色等々ですが、やはり実際に手に取らないとわからないのでしょうね
《奥高麗茶碗　銘「三宝」》桃山時代
高8・0cm　和泉市久保惣記念美術館

からないという。みためは地味な奥高麗の評価が高いのも、写真にはうつらないよさがあるからだろう。そもそも茶碗の「顔」は、図録写真のような側面ではなく、手でもって、うえからながめたときの姿なのだときいた。

〈奥高麗というのは、とらえどころがないが、なんかこう魅力があるね。どこも素直に作ってあって、下手なように見えるが下手じゃない。（略）これでのむとお茶もいい味だ。土が柔かいからお茶の味も柔かい。磁器の茶碗なんかだとお茶がかちーっときて痛いような感じがするが、これはそういうことはない〉とは、陶芸家加藤唐九郎の言葉である。［編］

花人・川瀬敏郎、唐津にいける

花＝松、蕗蒲公英
器＝《朝鮮唐津四方花生》
桃山時代　高26・2cm　出光美術館

花＝梅
器＝《朝鮮唐津耳付六角花生》
桃山時代　高24・8cm　出光美術館

花＝梅、蕗の薹
器＝《絵唐津麦藁文扇面口向付》
桃山時代　高9.5cm　出光美術館

自分でも意外なことに、唐津の器に花をいれるのは今回がはじめてのことです。ことさらに避けていたつもりはないのですが、すすんでつかおうとは思わなかったのでしょう。じっさいに花をいれてみて、その理由がわかった気がします。

出光美術館の蔵品のなかから好きな器を、といわれて、花入を三つと向付をひとつえらびました。ふだんは花入以外のものを花器にみたててつかうことが多いのですが、唐津でそれはできませんでした。向付をえらんだのは白濁した釉が凍った雪のようで、そこに早春の草ものをいれて「雪間の春」の景色に、と考えたからです。

唐津の器はかたちがわりと型どおりで、みたての自由をゆるさないところがあります。人はよく絵唐津の文様の奔放さをいい、それは私もそう思いますけれど、器形そのものは実用に徹した無難なものが多く、あばれた印象はうけません。

なんだか唐津の悪口みたいになっていますが、私がいやなのは「備前の徳利、唐津のぐい呑」といった紋切型の骨董趣味、たとえば鹿爪顔のおじさんが古唐津をなでまわしているような情景なのです。今回の花に蕗《ふき》の薹《とう》や菫《すみれ》、蕗蒲公英《ふきたんぽぽ》といった早春の若々しい草ものをいれたのは、骨董臭のしみついた唐津というやきものに、すこしでも清新な空気をふきこみた

花＝菫、枯草
器＝《絵唐津葦文角形花生》
桃山時代　高20・5cm　出光美術館

絵唐津の掛花入にいける川瀬氏

いと考えてのことでした。

型どおりの器に破格の花は似あいません。梅の大枝をいれた朝鮮唐津の花［30頁］をのぞけば、ほかはみなしんとなる枝に根締の草ものをあわせるという定型を守っています。定型の花は花材そのものに力がないと凡庸になってしまうので、みどころあるしんの枝をずいぶんさがしました。これが李朝や信楽の壺であれば、そのへんの草花でも枝ものでも無造作になげいれておくだけで、それなりの姿になるのですが。

李朝や信楽にあって唐津にないもの、それは余韻というか空白というか、虚実の虚とでもいえばいいのか、ようするにその「もの」とむきあうことで、どこか遠くをみているような気持にさせてくれるなにかです。たとえば長次郎の楽茶碗とむきあうとき、私は利休の待庵にいるような心地になります。李朝の器のまえではかつて出会った韓国の老人を、信楽の壺をながめると紫香楽宮《しがらきのみや》跡の林にふく風を思いだす。しかし唐津は眼前にあってうごきません。型どおりの、実用の器でしかない。花をいける身にとって、高台の削りや土味や釉の景色などはまあどうだっていいことで、大事なのは器の余白のようなもの、自由な花をうけいれてくれる、虚のひろがりなのです。

私が唐津を知らないだけかもしれません。しかし唐津以外のやきものだって、とくに知っているわけではありません。今回の花をいけおえて思ったのは、唐津というやきものは「いけばな」だなということでした。神にささげる室町の「たてはな」と侘びをきわめた桃山の「なげいれ」、いずれも虚をみすえるという点では共通するふたつの花の様式のあとで、江戸時代に生れた「いけばな」は、型をおぼえさえすればだれにでもいけられる、その意味では実に徹した花でした。型どおりだから破格のおもしろさはないけれども、座敷にかざってたのしむぶんにはちょうどいい。いかがでしょう、唐津というやきもののたのしみかたと、つうじるところがありませんか。［談］

第二章 唐津が変えた日本のやきもの

解説 荒川正明［出光美術館主任学芸員］

片田舎のやきものにすぎなかった唐津焼が、たちまち全国区の窯になったのはなぜか？　陶磁器市場のシェアを競った志野織部との差別化戦略、そしてあの伊万里磁器のさきがけとなった唐津独自の新技術など、考古学的知見を盛りこみつつ……気鋭の陶磁学者が語る、最新の唐津焼入門。

唐津焼発祥の地、岸岳　佐賀県北波多村にある標高300メートルほどのこの山の麓に、最初の窯場が築かれた

古唐津窯址分布図

古唐津窯址分布図
0
5
10km
N
釜山
山口
福岡
佐賀
大分
長崎
熊本
九州
宮崎
鹿児島
波戸岬
加部島
呼子町
名護屋城跡
鎮西町
神集島
唐津湾
高島
福吉
大入
二丈町
福岡県
鹿家
JR筑肥線
二丈浜玉道路
玄海町
西唐津
唐津城
虹の松原
唐津
和多田
東唐津
虹ノ松原
浜崎
肥前町
唐津市
鏡山
七山村
鬼塚
浜玉町
松浦川
鷹島町
山本
北波多村
山瀬
本牟田部
岸岳地域
1580年代後半～90年代
皿屋
飯洞甕
帆柱
岸岳
道納屋谷
肥前久保
西相知
相知
JR唐津線
佐里
相知町
厳木町
岩屋
福島町
松浦鉄道
今福
松浦市
浦ノ崎
伊万里湾
久原
楠久
伊万里市
櫨の谷
大川原
駒鳴
大川野
肥前長野
JR筑肥線
厳木
厳木多久道路
多久
多久市
中多久
藤の川内
阿房谷
椎の峯
道園
甕屋の谷
東山代
伊万里地域
1590年代後半～1610年代
桃川
焼山
市若屋敷
佐賀県
川東
伊万里
上伊万里
金石原
多久高麗谷
世知原町
金武
松浦鉄道
市の瀬高麗神
武雄地域
1590年代～
のち二彩唐津や
三島唐津へ移行
夫婦石
山谷
国見道路
大木
有田川
北方町
江北町
武雄北方
大町町
北方
大町
鉄道
西有田
蔵宿
黒川
三代橋
山内町
武雄市
高橋
西有田町
有田町
上有田
三間坂
JR佐世保線
永尾
武雄温泉
天神森
有田
佐世保市
有田地域
1610年代～30年代
肥前白石
白石町
佐世保
日宇
大塔
三河内
西九州自動車道
(武雄佐世保道路)
内田皿屋
武雄南
武雄JCT
肥前竜王
有明町
佐世保湾
早岐
長崎県
波佐見町
塩田町
塩田川
肥前鹿島
有明海
嬉野
嬉野町
肥前浜
ハウステンボス
南風崎
川棚町
鹿島市
西海パールライン
小串郷
川棚
JR大村線
東彼杵町
大村湾
西彼町

Q　唐津焼の生産はいつから始まったのですか？

荒川　かつては鎌倉時代や室町時代ともいわれていましたが、現在の通説では大体1580年代後半とされており、私もそう考えています。

この30年ほどで、歴史時代の考古学は飛躍的に進展しました。中世から近世における代表的な都市遺跡の出土資料をもとに、当時使用された陶磁器の編年がほぼ出来上がろうとしています。

唐津焼が室町時代以前の遺跡から出土したという報告は、管見にふれるかぎり皆無です。もし室町以前に唐津焼の生産が開始されていたなら、少なくともその時代の九州の遺跡から出土してもいいはずです。やきものの器はあくまでも商品であり、消費地に流通させるために生産するのですからね。

唐津焼にかぎらず、桃山時代から江戸時代初期の陶磁器の流通を知るうえで、近年きわめて興味深い研究があります。それは京や堺とならぶ陶磁器の一大需要都市だった大坂の城下町の発掘調査で、大阪歴史博物館の森毅さんは時代を4期に分け、そこから出土した陶磁器群の傾向を分析しています。

①石山本願寺期＝1580年以前
②豊臣前期＝1580〜98年
③豊臣後期＝1598〜1615年
④徳川初期＝1615〜1622年

唐津焼は①期の地層からは出土していません。②期の地層からは出土しますが、その数はごくわずか。素朴な灰釉の碗皿ばかりで、絵唐津は見られない。②期出土の陶磁器は中国製の白磁や青花（染付）と、瀬戸・美濃窯の灰釉皿や天目茶碗が主で（志野、織部は③期から）、ほかには備前や丹波の焼締陶器などが出ています。その割合は、畿内のやきもの市場のシェアを伝えるものでしょう。③期になると唐津焼の出土が突如大幅に増え、なんと瀬戸・美濃窯の製品にとってかわります。②期の出土が少ないために、唐津焼の成立を1590年代まで下げる意見もありますが、生産されてから消費地へ流通するまでの時間差を考えると、やはり1580年代と考えるのが妥当かと思います。

文献では慶長8年（1603）、古田織部の茶会記に〈唐津焼すじ水指〉とあるのが初出です。また伝承によれば「子《ね》の餅」という銘の奥高麗筒茶碗を、千利休（1591年歿）が所持していたとされ、1580年代成立説の傍証になっています。

Q　唐津焼といっても、いまの唐津市が生産地だったわけではないようですね。

荒川　ええ。現在知られている古唐津の窯址は200ヶ所以上あり、広範囲に点在しています［右頁］。唐津焼の特色をひと言でいいにくいのは、窯によって作行が実に多様だからです。むろん、それがこのやきものの面白さなのですが……。

岸岳古窯址の一つ、飯洞甕（はんどうがめ）上窯址は檜林の中にある　1998年に発掘調査が行なわれ、小皿や瓶、壺などの陶器が出土している

有田町歴史民俗資料館の村上伸之さんほか地元佐賀県の研究者は、古唐津の窯を技術的系譜や製品の組成によって4地域（岸岳、伊万里、有田、武雄）に区分けしています。そのうち唐津藩領だったのは岸岳地域のみで、ほかは佐賀藩の領内でした。

各地域の窯場の生産年代を大まかに示すと、次のようになります。

①岸岳地域＝1580年代後半～90年代
②伊万里地域＝1590年代後半～1610年代
③有田地域＝1610年代～30年代
④武雄地域＝1590年代～
江戸時代前期には二彩唐津や三島唐津へ移行

最初に生産を始めた岸岳地域の製品が唐津港から出荷されたために「唐津焼」の名がついた、というのが一応の説ですが（伊万里港からも出荷した有田産の磁器を「伊万里焼」と呼んだように）、実際はよくわかりません。質量ともに古唐津の最盛期は、伊万里地域が主産地だった時期ですが、その製品はおそらく伊万里港からも出荷されていたと考えるべきでしょう。

俳人松江重頼が寛永15年（1638）に記した『毛吹草』という書物には、肥前国（いまの佐賀県と長崎県）の名物として〈唐津今利《いまり》ノ焼物〉が挙げられています。その〈唐津〉とは、唐津で焼かれたという意味でも、唐津港より出荷されたということでもなく、肥前産の陶器（土もの）を、肥前産の磁器（石もの）すなわち伊万里焼と区別するための呼称でしょう。

Q　なぜ岸岳地域に最初の窯場が築かれたのですか？　また領主や商人など、それを指示、指導した人がいたのでしょうか？

荒川　残念ながらはっきりしたことはわ

k a r a t s u

素朴な原点、岸岳時代

［上］岸岳地域の窯址（山瀬）から出土した陶片　藁灰釉を掛けた、いわゆる斑唐津である　径11cm　有田町歴史民俗資料館
［下］北朝鮮の会寧産とされる壺　上の皿と同じく藁灰による白濁釉が掛けられている　李朝時代　高22.8cm　出光美術館

かっていません。ただしあの辺に窯を築き、製陶を始めたのが朝鮮渡来の陶工だったことは間違いない。なぜなら岸岳地域に築かれたような「連房式登窯《のぼりがま》」、つまり傾斜地を利用し、地上式で、焼成室が何室にも分かれた構造の窯［40頁下］は、当時の日本には存在しなかったからです。

5世紀に須恵器製作が開始されて以来、日本の窯は地下にトンネルや溝を掘って作る地下式の「窖窯《あながま》」で、焼成室はひとつでした［40頁上］。窯業の伝統がある地域ならともかく、それがまったくない土地にいきなり登窯という、窖窯の進化形である燃焼効率のよい窯が築かれたのは、渡来した朝鮮の陶工が故郷の製陶技術を持ちこんだとしか思えません。

標高300メートルほどの岸岳［34～35頁］に登ると、崩れかけた石垣など、山城の跡が見られます。文禄2年（1593）に秀吉によって滅ぼされるまで、岸岳城は波多氏の居城でした。波多氏はあの倭寇で名高い松浦党の領袖だった一族です。強制連行されたか、あるいは20世紀のブラジル移民のようにみずから進んで渡来したかはさておき、その領内に朝鮮人が多く住んでいたとしても不思議ではないでしょう。

斜面の地下を掘って造る窖窯は、焼成室がひとつしかない原始的な構造　5世紀の須恵器製作以来、唐津に登窯が築かれるまで、日本のやきものは窖窯で生産されつづけた　藤澤良祐氏の模式図をもとに作成

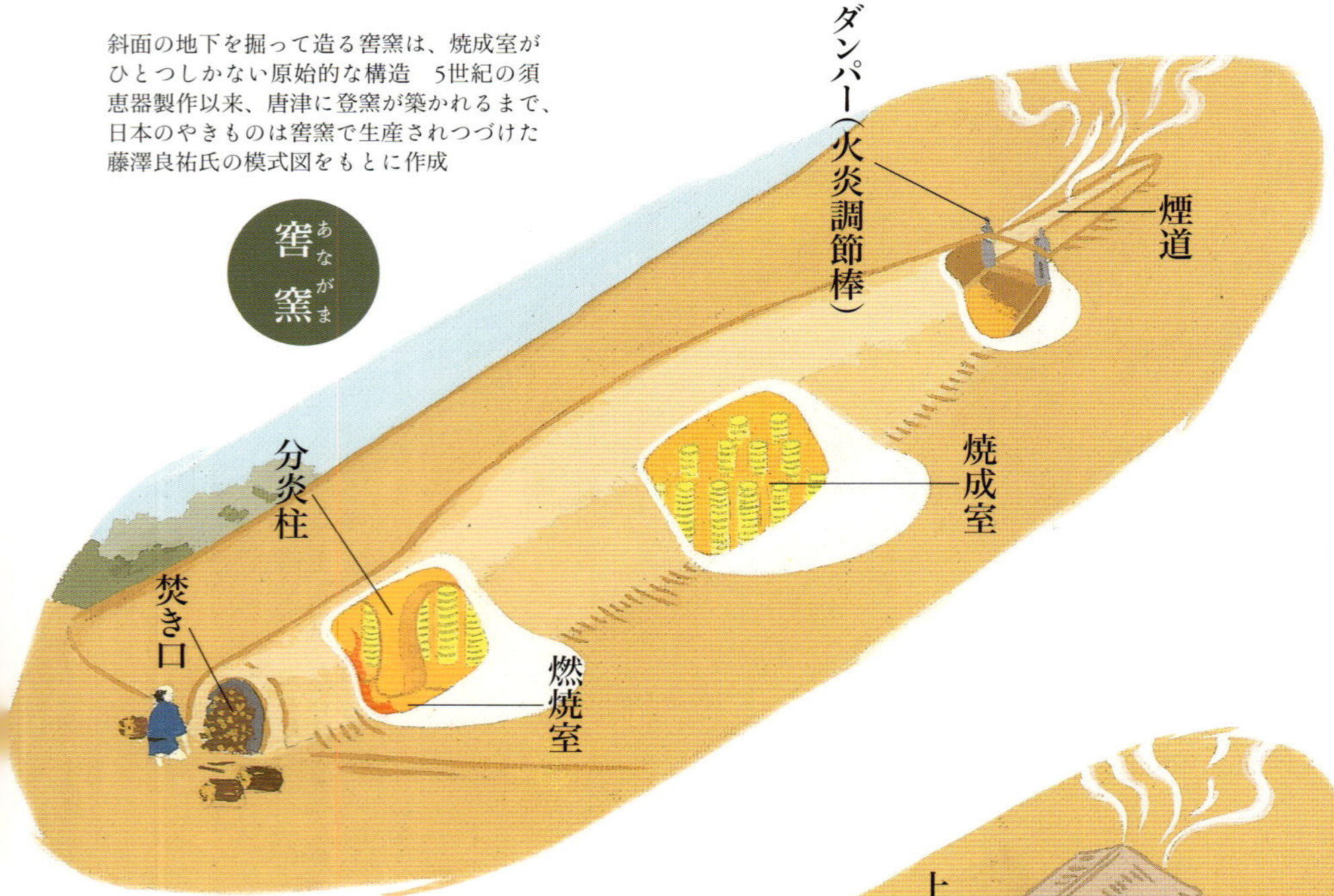

朝鮮の陶工が持ちこんだ地上式の登窯は、窖窯の進化形　焼成室が何室にも分かれているため、燃焼効率が良く、製品の仕上りにバラツキが少なくなる　大橋康二氏の模式図をもとに作成（左頁も）

右と下は焼成に失敗して捨てられた陶片　目積みには、土を丸めた目を用いる「胎土目積み」［右］と、砂混じりの土を使う「砂目積み」［下］があるいずれも有田地域の窯址から出土したもの　有田町歴史民俗資料館

目積み

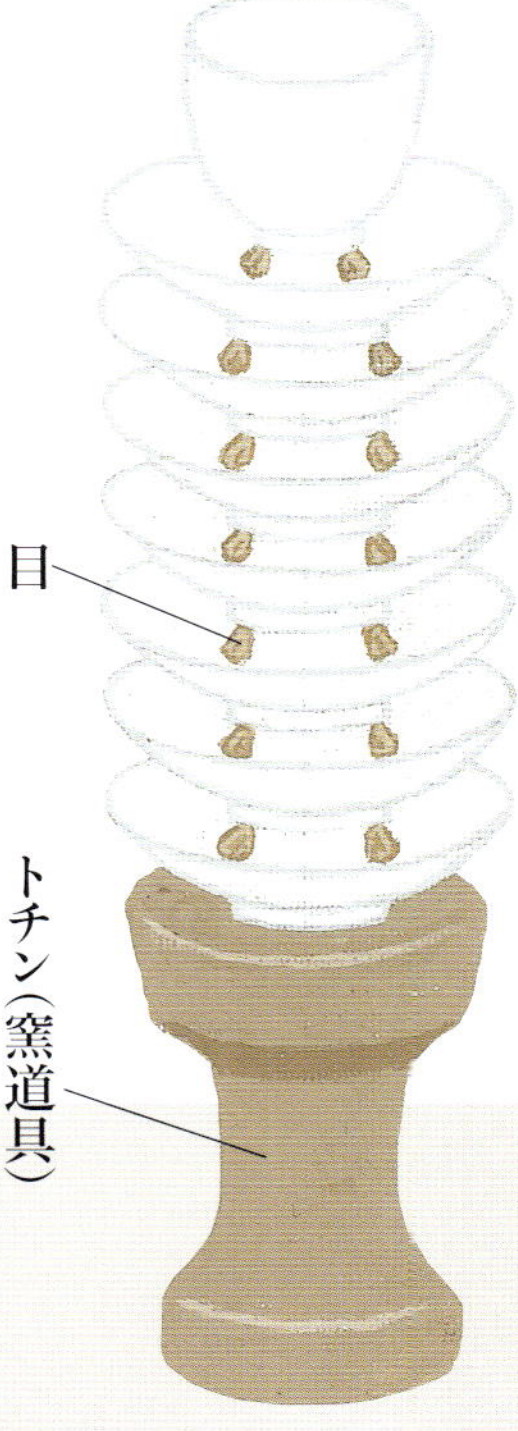

製品を窯詰めする際、重ねた器が焼成中に溶着せぬよう、皿と皿の間に「目」と呼ばれる土を挟む　その「目積み」の技術は朝鮮の陶工がもたらした

イラストレーション………原口健一郎

ふるさとは李朝

蔓先がぐるぐる渦巻く李朝陶磁の文様と下の絵唐津ぐりぐり文、よく似ているのはやはり「血」のせいなのだろうか
《粉青沙器白地鉄絵蔓草文瓶》鶏龍山窯
李朝時代（15〜16世紀） 高29・0cm
大阪市立東洋陶磁美術館

幼児のイタズラ描きみたいな奔放な筆致が魅力 江戸前期の茶人・金森宗和が所持していたものという
《絵唐津ぐりぐり文茶碗》
桃山時代 高7・8cm 出光美術館

植物の根を描く「露根」の表現も、李朝と唐津の近親性を示すもの　李朝においては生命力の象徴としてよく描かれる文様だが、日本では唐津以外にまず見られない
《絵唐津梅樹文鉢》　桃山時代　径22.0cm　出光美術館

また16世紀後半は金銀の鉱山開発が盛んになるなど、日本経済が右肩上がりの時期でした。そうなると京や堺、博多のような都市で暮す富裕層は、日用の什器にもお金を惜しみなく使うようになる。中国・景徳鎮窯製の高級な青花磁器が数多く輸入され、井戸茶碗ほかの高麗茶碗が高値で売買されていた時代、「やきものは商売になる」と考えた才覚ある商人が、朝鮮の陶工を口説き、陶工集団を波多領内にまるごと誘致したのかも知れない。記録がないので推測に過ぎませんが、唐津焼成立の事情はそんなことではないかと、私は考えています。

Q　岸岳地域ではどんな器が作られていたのですか?

荒川　小ぶりの碗皿［39頁］を主体とし、壺・瓶なども作られました。そして絵唐津はほとんどない。だからいま私達が唐津の優品というときに思い浮べるような器のうち、岸岳時代のものは案外少ないと思います。藁灰による白濁した釉を掛けた、いわゆる斑唐津の壺や猪口などに

朝鮮出兵の拠点だった名護屋城の天守台跡から波戸岬と玄界灘をのぞむ　あの海のむこうに、唐津焼のふるさと朝鮮がある

は、岸岳地域の製品がかなり含まれているでしょうけれど。

その藁灰釉ですが、出光美術館に北朝鮮の会寧《かいねい》産と思われる藁灰釉の壺［39頁］があります。胴部下半の大胆なヘラ削りや分厚い高台を見ると、国産の製品とは思えない。南の韓国で、いまのところ藁灰釉の製品を焼いた窯が見つかっていないことを考えれば、岸岳地域で最初に窯を開いたのは北朝鮮の陶工だった可能性が高いのです。

岸岳地域の古唐津はよくいえば素朴、悪くいうと田舎風の什器で、日本海側や畿内では少数出土しているものの、人気商品として各地に大量に流通するほどではなかったのでしょう。その後の目立った発展もなく、岸岳地域の窯の隆盛は10年ちょっとで終わってしまいます。かつては廃窯の理由について、岸岳城主波多三河守親《ちかし》が朝鮮出兵の際に秀吉の怒りを買い、文禄2年（1593）領地を没収されたために陶工も四散したといわれていました（岸岳崩れ）。しかし大阪の出土状況を見るとおそらく1600年前後までは生産を続けていたはずで、それが途絶えたのは、隣の伊万里地域の製品に市場競争で負けたからだと思います。

Q　伊万里地域の唐津焼について教えて下さい。

荒川　伊万里地域の陶工も朝鮮渡来の人々と考えられますが、岸岳の陶工とは出身地が異なるようです。なぜそういえるかというと、製陶の技術や窯道具が違うからです。岸岳地域では皿類は重ねずに焼くことが多かったようですが、伊万里地域は基本的に重ね焼きです［41頁］。焼成中、重ねた器が溶着しないように、皿と皿との間に土をはさむことを「目積み」といいますが、その技術も朝鮮の陶工がもたらしたものです。

文禄・慶長の役（壬辰・丁酉倭乱／1592～98）を別に「やきもの戦争」と称するのは、秀吉自身が奨励したこともあって、彼地へ侵略した武将達が多くの陶工を日本に招聘し、その結果として高取焼や上野《あがの》焼《やき》、萩焼、薩摩焼などが成立したためですが、伊万里地域の唐津焼の陶工もこの朝鮮出兵の際に渡来した人々だったと考えられています。

先ほど古唐津の最盛期は伊万里時代、つまり慶長期（1596〜1615）頃といいましたが、それはやきものの質も量も大幅に変化し、作風も多様化したからです。奥高麗茶碗や絵唐津の皿鉢類、朝鮮唐津の徳利や水指ほか、いわゆる古唐津の器形、釉薬、文様がこの時期に出揃った。それに伊万里時代の古唐津は、畿内はもちろん船便の流通経路がある日本海側を中心に、北海道までほぼ全国に大量に行き渡っています。東海と関東は瀬戸・美濃窯の流通圏だからそれほどではないにしても、ほかの地方では大阪の出土例と同様、瀬戸・美濃窯の器を圧倒する勢いでシェアを伸ばしていたようです。

Q　人気の理由は？

荒川　ひとつには瀬戸・美濃窯製品とともに国産のやきものでは初の「見せる器」、つまり鑑賞性の高い器だったことが挙げられます。

このように胴部の強く張りだした、いわゆる算盤玉形の壺も、李朝と唐津に特有の器形
《絵唐津葦文壺（水指）》　桃山時代　高16.4cm
出光美術館

志野、織部とのシェア争い

織部と絵唐津の文様はよく似ているが、
王朝趣味に通じる織部の意匠の優美な
感覚は、唐津に勝る
《織部千鳥文誰ヶ袖形鉢》　桃山時代
長径22.6cm　出光美術館

志野は唐津と共に、日本のやきもの
史上初めて、筆で文様を描いた陶器
《志野山水文鉢》　桃山時代
径27.8cm　出光美術館

《絵唐津蔓草文扇面口向付》　桃山時代　高8.1cm　出光美術館

絵唐津と美濃地方の志野［右頁］が生れたのは16世紀末という同時期ですが、両者に共通する新しさは、日本のやきもの史上初めて、筆で文様が描かれたことです。それまでの日本のやきものは「見せる」ということをあまり考えてきませんでした。なぜなら、やきもの超大国の中国が隣にあるために、上質で見栄えのする中国磁器がどんどん入ってくる。それに到底太刀打ちできない近世以前の日本の窯業の生きのびる道は、座敷で使う高級什器は中国にまかせて、みずからは台所に下がり、壺や甕、擂鉢などを地味に作り続けることでした。

常滑、信楽、備前など、中世の焼締陶器がまさにそうだし、蒔絵や染織その他あれほど工芸が盛んな京都で窯業が育たなかったのも、やきものだけは中国にかなわなかったからでしょう。しかし古唐津や志野、少し遅れて織部などのやきものが生れた桃山という時代は、壮麗な天守閣を持つ城郭建築や金碧障壁画などに見られるように、豪奢な「飾り」に執着する気風があり、それが陶器にも及んで絵文様が描かれるようになったのだろうと思います。

絵唐津の文様を語るときには決まって志野や織部［右頁］といった美濃陶の影響がいわれるのですが、本当にそうなのでしょうか。美濃で登窯を築くのは唐津の技術を学んでのことなので、逆の流れも当然あったと思います。絵唐津には確かに志野とよく似た文様があるし、織部風の沓茶碗も作っています［左］。しかし当時の市場と需要層を考えれば、そうした類似はむしろ当り前だろうと私は思う

唐物写しの天目茶碗は、瀬戸の専売特許のような商品だが、売れるとなると唐津でも焼いた　ただし「的矢」という意表を突く文様は、いかにも唐津らしい
《絵唐津的矢文天目茶碗》　桃山時代
高6.6cm　出光美術館

長石釉を掛けたこの手の白色の茶碗を「瀬戸唐津」と呼ぶ　おそらく志野風を狙ったのだろう
《瀬戸唐津茶碗　銘「飯塚」》
桃山時代　高7.4cm　出光美術館

織部風に大きく歪ませたものもつくられていた
《絵唐津沓茶碗》　桃山時代
長径17.6cm　出光美術館

唐津人気の仕掛人

江戸初期の京の様子を描いた屏風絵　「大」字の暖簾の左に、茶入や茶碗、徳利、隅切鉢などを並べた商家の店先が描かれている　唐津や美濃に製品を発注していた唐物屋の店構えは、おそらくこうしたものだったのだろう
《洛中洛外図屏風》　六曲一双の左隻部分　江戸時代初期　紙本金地着色
各77.5×245.8cm　福岡市博物館

京都三条の「中之町遺跡」から出土した国産の茶陶や懐石の器　志野、織部などの美濃陶が過半を占め、そこに唐津や高取など九州陶器が加わる　遺跡は17世紀初期の町家で、出土品に使用痕がないことから、これらは当時「唐物屋」と呼ばれた道具商の在庫品だったと考えられている　京都市埋蔵文化財研究所

京都三条「弁慶石町遺跡」から出土した国産陶器　茶道具と懐石の器が主で、やはり唐物屋の在庫品と思われる　こちらは信楽、備前が多く、他に黄瀬戸、瀬戸黒、志野といった美濃陶と唐津がある　京都市埋蔵文化財研究所

のです。

　というのは近年、京都市中京区三条界隈にある17世紀初期の町家遺跡数件から、国産のやきものが大量に出土しました［51頁］。いずれも茶碗や水指などの茶道具と懐石の器がほとんどで、使用痕もないことから、おそらくそのころ「唐物屋《からものや》」と呼ばれた道具商だったと考えられています。「弁慶石町遺跡」の出土品は信楽、備前の順に多く、ほかに黄瀬戸、瀬戸黒、志野といった美濃陶と唐津があります。「中之町遺跡」のほうは御覧の通り志野と織部が目立ち、そこに唐津や高取など九州産の陶器が加わります。

　唐物屋跡の発掘調査によって、美濃焼も唐津焼も同じ京都の業者が扱い、同じ客層に販売していたことが明らかになりました。はじめにいったようにやきものは逸品主義的な芸術作品ではなく、あくまでもある程度量産された商品ですから、その意匠は購買客の好みに合わせたものです。つまり美濃焼と唐津焼の意匠は、畿内の富裕な数寄者の美意識の反映なのです。似ていて当然ですよね。

　ただし似てはいるけれども、むろんまったく同じということはありません。片輪車や扇面文など、美濃焼に見られる王朝趣味の優美な意匠は、唐津焼では武雄南部の内田皿屋（小山路）窯以外ではほとんど見られないし、例えば同じ草花文でも、たおやかな情感を込めた志野の秋草と、絵唐津のそれとは異質です。絵唐津の文様の取柄は志野や織部のような洗練ではなく、むしろ溌剌として屈託のない表情でしょう。何を描いているのかもはっきりせず、巧いのか下手なのかもよくわからないけれど、その躍動的で伸びやかな筆致には心が踊らされます。そこに唐津人気のもうひとつの理由があったのではないでしょうか。ちなみに、こうした絵唐津の雰囲気に近いのはやはり朝鮮王朝時代（李朝）の文様で、奔放かつリズミカルな蔓草文［42頁］などは、絵唐津の「ぐりぐり文」［42頁］の原型のように私には思えてしまいます。

Q　当時の唐津焼で、とくによく売れた

商品は何でしょう?

荒川　唐津はこだわりのない産地で、売れるものなら何でも作っていた節があります。鉄釉の天目茶碗などは瀬戸の専売特許みたいな商品ですが、大坂城跡などから唐津産の天目茶碗もたくさん出土するのです。天目とは別に「瀬戸唐津」と呼ばれる手の茶碗［49頁］がありますが、あれも長石釉の瀬戸（志野）風を狙ったのかも知れません。なかには釉薬を掛けずに焼締めた、いわゆる「備前唐津」の水指もあって、まあ、よくやるなあと思いますね。窯場の数からしても当時の日本で最大の産地といえるほどに成長していましたから、碗皿類の什器は膨大な数が流通したはずです。だから一概に人気商品が何かとはいいにくいのですが、径が30センチを超える絵唐津の大皿［7頁／55頁］は、唐津焼ならではの豪放な食器として人気が高かったのではないでしょうか。

　桃山時代のやきものの食器というと、茶事に用いる懐石の器が主役だったように思われがちですが、実は中国の呉州《ごす》赤絵《あかえ》や芙蓉手の青花などの大皿［54頁］が、畿内の都市や地方の城下町遺跡から多数出土しています。当時の風俗画を見ると、そうした大皿は花見や屋敷内での宴において、料理や果物を盛る器として使用されたようです［54頁］。新興大名や富裕な商人が豪勢な宴を張ったあの時代、宴会料理を盛る大皿の需要は飛躍的に増えていたはずで、その急成長する大皿市場に、国産のやきもので初めて参入したのが唐津焼でした。競争相手だった美濃焼には唐津焼ほどの大皿はありません。

Q　なぜ唐津だけが大皿生産に成功したのですか?

荒川　それはひとえに、轆轤の技術が格段に上手だったからでしょう。径30センチ以上、なかには40センチを超えるものもある大皿を轆轤で挽きあげるには、相当な腕がないとできない。そもそも朝鮮の陶工が持ちこんだ轆轤技術は足で蹴って回す「蹴轆轤」で、手回し式の美濃とは方法が異なるのです。ただし意外なこ

大名や商人が豪勢な宴を張った桃山時代には、宴会料理を盛る大皿の需要が急増した
《邸内遊楽図屏風》　十曲一隻の部分
江戸時代　紙本着色　62.0×383.2cm
出光美術館（この頁すべて）

人気商品「大皿」市場に参入す

当初、大皿市場を独占していたのは中国産の磁器だったが……
［上］《呉州赤絵人物文字文大皿》
明時代末期　径42.3cm
［左］《青花芙蓉手花鳥文大皿》
明時代末期　径51.5cm

国産のやきもので初めて大皿市場に参入したのが唐津だった
《絵唐津柳文大皿》　桃山時代　径38.7cm

とに、16〜17世紀の朝鮮半島では大皿をほとんど作っていません。つまり国内の商人から大皿の注文を受けた唐津の陶工は、市場を席捲していた中国製品の器形を真似て、初の国産大皿を作りだしたのです。

大皿と同様、桃山時代に初めて作られるようになったやきものに徳利があります。それまで酒は瓶子に入れるものでした。唐津では藤の川内にある茅ノ谷窯［14〜15頁］で、朝鮮唐津と呼ばれるタイプの徳利［10頁］を多く焼いていますが、あの器形は南蛮貿易で輸入された、葡萄酒を入れるガラス製ボトル等もモデルの一つではなかったかと私は考えています。

朝鮮唐津のように藁灰釉を掛けた製品は、17世紀初頭、高取の内ヶ磯窯でも生産していました。おそらく藁灰釉の白色は当時のニューウェーヴとなり、新しい装飾法として人気を得たのでしょう。白色釉はその後瀬戸・美濃窯や、京都の野々村仁清なども積極的に使用するようになります。

古唐津終焉の地、有田

日本における磁器発祥の地と目されている天神森窯址　有田町内にあるこの窯では、陶器と磁器の両方を生産していた

[上]有田地域の窯址から出土した唐津焼の陶片　径12cm　有田町歴史民俗資料館（左も）
[左]天神森窯址から出土した陶片　重ね焼きした皿が焼成中に溶着したもので、上は陶器質、下は磁器質　つまり陶器と磁器を同時に焼いていたことの確たる物証である

Q　唐津焼が伊万里時代に最盛期を迎えたのはなぜですか？

荒川　まず、岸岳時代の陶工よりも練度の高い、つまり多様かつ大量の注文にも応えられる技術集団が、朝鮮出兵の余波で渡来したこと。そして産地にほど近い肥前名護屋に朝鮮攻めの拠点が築かれたことで［44〜45頁］、秀吉配下の諸大名とともに多数の商工業者が当地に集結したため、購買層の好みを直かに把握できるようになったこと。またそうした商人と結びつくことで、生産態勢拡大のための資本投下が得られたうえ、畿内のみならず全国的な販売ルートも開拓できたこと。片田舎のやきものに過ぎなかった唐津焼がたちまち全国区の窯に躍進した背景には、それらの要因があると思います。

Q　それほど隆盛を誇った伊万里地域の窯場も、しだいに衰退してゆくのですね。

古唐津の生産が途絶えた最大の理由は、1610年代から有田地域で焼かれはじめた磁器（初期伊万里）に市場競争で負けたことだった
《染付山水文波形皿》
江戸時代前期　径35・0cm　出光美術館

荒川　ええ。徐々にというよりは、おそらく劇的に終熄したはずです。

Q　なぜでしょう？

荒川　伊万里の隣の有田地域で、白くて美しく、硬質なやきものである磁器の生産が始まったからです。それまで中国や朝鮮から輸入するしかなかった磁器を日本で初めて焼いたのは、1610年代の有田の窯［右頁］でした。いわゆる伊万里焼の誕生です。呼称がちょっとややこしくなりますが、伊万里地域の唐津焼が衰退したのは、有田産の「初期伊万里」に市場で敗北したからでしょう。

初期伊万里の製品は染付［上］、青磁、白磁などのれっきとした磁器ですが、品質的にはまだ素朴で、そのころ高級食器として流通していた中国磁器を脅かすまでには至っていません。陶磁器市場のシェア争いにおいて、初期伊万里が登場したことで最も割を食ったのが唐津焼だったのです。その証拠に、初期伊万里が出土する17世紀前半の遺跡の全国分布は、ほぼ唐津の出土地と一致しています。

Q　しかしそのころ有田地域では、唐津焼も生産していたのでしょう？

荒川　はい。そこが唐津焼と伊万里焼の関係を考えるうえで実に興味深い点です。日本の陶磁史では、1610年代の磁器の誕生が画期的なこととされており、それ以前と以後で何か断絶があるような印象を受けます。けれども実際は、唐津（陶器）と伊万里（磁器）は同じ窯で、同時に焼かれていたのです。物証もあります。初期伊万里を焼いた有田の窯址の物《もの》原《はら》（不良品の捨場）から、陶器（唐津）と磁器（伊万里）を重ね焼きした陶片が出ています［右頁］。それを見ると、陶器（土もの）と磁器（石もの）をはっきり区別する、現代の私達のやきものの見方が特殊であることがわかります。有田の窯址を見るかぎり、陶器と磁器を生産する技術に差はなく、材料が違うだけなのですから。もちろん使い手の立場に立てば、陶器と磁器は肌の質感も手取りの感覚も大きく異なる別物なのですが。ちなみに中国や韓国では陶器と磁器を区別せず、ともに瓷器《じき》と呼んでいます。

Q　有田地域の唐津焼には、どのような

特徴がありますか？

荒川　地元の肥前陶磁の研究者である村上伸之さんによれば、文様はほとんどなく、成形もとくに巧みとはいえない碗皿類［56頁］、ようするに何の変哲もない雑器ということですね。その前の伊万里地域で焼かれていたような、いわゆる古唐津のイメージとは遠いものです。それまで超高級とはいえないにせよ、数寄者の眼にかなう器も生産していた唐津焼は、有田時代になって雑器へと変質するのです。その理由について、村上さんはこう語っています。従来は陶器の枠内で上級下級の格付けをしていた市場が、磁器誕生後は「磁器＝上級」「陶器＝下級」という見方をするようになったと。つまり肥前の陶工は、高級食器は磁器（伊万里焼）、雑器は陶器（唐津焼）と、需要に応じて作り分けるようになったのです。

Q　有田地域の陶工も朝鮮出身者だったのでしょうか？

荒川　おそらく白磁鉱石の探索やその精製法など、磁器生産の術を知った集団が新たに来日したのでしょう。連行されたか進んで来たのかはわかりませんが、伊万里地域の陶工とは技術系統の異なる、推測でいえば朝鮮でもより格上の地位にある陶工集団だったのではないでしょうか。先ほど窯詰めの際の目積みの技術について話しましたが、伊万里地域の窯場では主に粘土を丸めて目とする「胎土目積み」を行なうのに対して、有田地域は砂の混じった土を目とする「砂目積み」が主流です［41頁］。些細なことのようですが、窯の技術系統を知るうえでは重要な違いです。

　ただし一概に磁器生産技術の導入を朝鮮陶工だけによるものとは断言できません。というのは、例えば器の見込の釉を蛇の目に削って窯詰めするなど、一部中国系の技術も見られるためです。朝鮮と中国の技術が混在するその辺の事情はよくわかっておらず、今後の研究課題ですね。

Q　1630年代に有田地域で唐津焼の生産が途絶えるのはなぜですか？

荒川　やきもの市場で伊万里焼のシェアが急激に拡大していた当時、有田では磁器専門の窯が築かれたりと、唐津焼を作ってもさほど儲からないという空気が生れていたのかも知れません。

　そんな風潮のなか、決定的な出来事が起きます。寛永14年（1637）に佐賀鍋島藩が行なった有田周辺窯場の統廃合です。薪燃料の乱伐を防ぐため、というのが表向きの理由ですが、有田の役人が磁器生産の独占を狙ったという説もあります。いずれにしてもその際の藩令によって、有田地域の陶器生産は廃止となりました。

　有田の隣の武雄地域では絵唐津などを焼いていましたが、磁器誕生によってそうした旧来の器が売れなくなると、本書の第四章［96〜113頁］で紹介されているような二彩唐津、三島唐津の生産に活路を見いだします。それが桃山期の古唐津以上に量産されて日本全国、そして東南アジアへまで出荷されるようになる話は、西田宏子さんの解説を読んで下さい。

第二章 古唐津に憑かれた男たち

唐津の土地言葉では、ひとつことに熱中する人を「のぼせもん」というらしい。ここに登場するのは古唐津の器を愛玩し、収集し、発掘し、研究した7人の男たち。物と思いはそれぞれながら、いずれも古唐津に「のぼせもん」だった人々である。

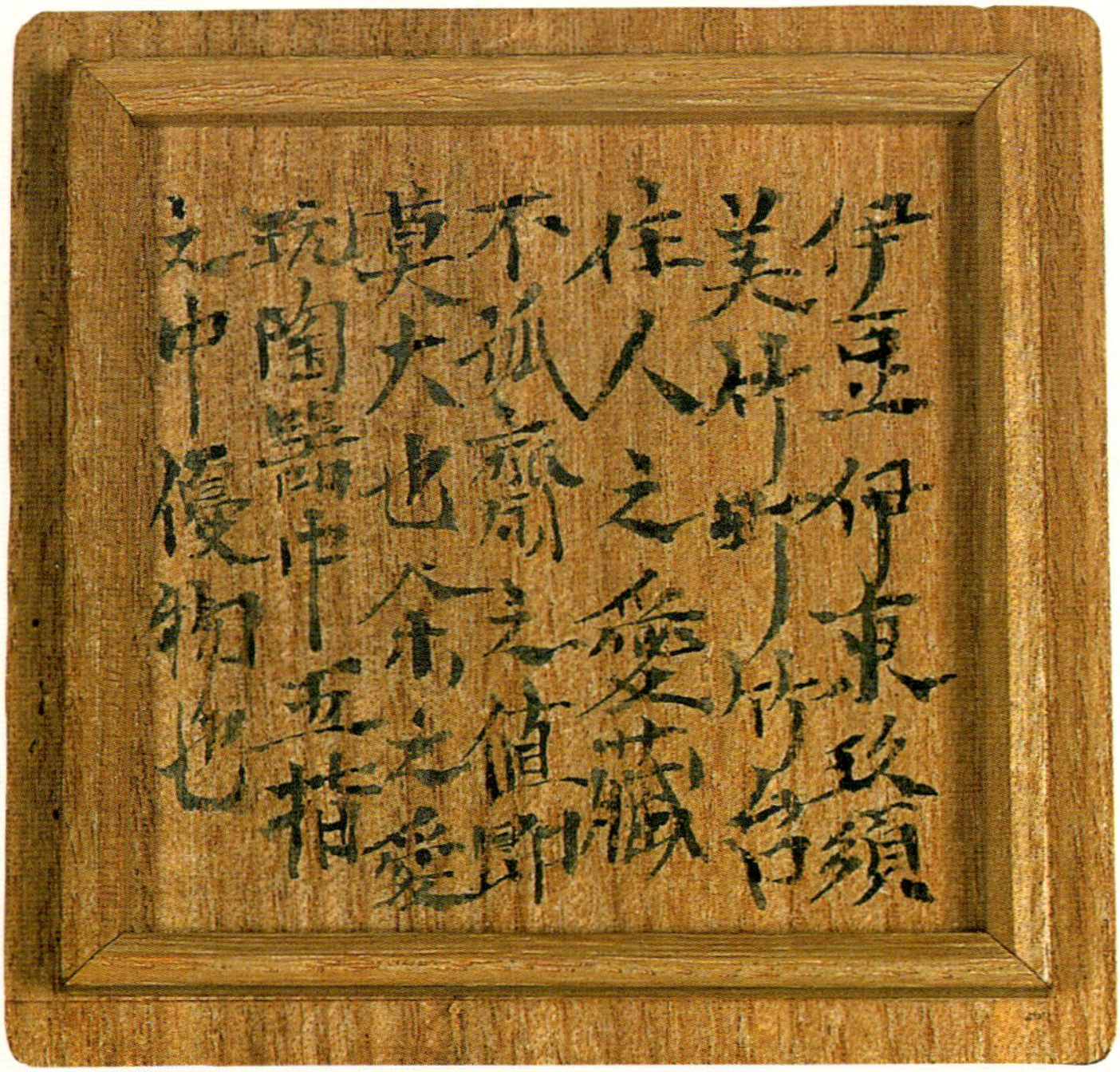

箱の蓋裏に記されたこの文の書き手は青山二郎 疎開先の伊東でそのままひとり暮しを続けていた昭和23年の筆跡で、〈不孤齋〉は骨董商「壺中居」主人の廣田松繁のこと 〈愛藏〉〈愛玩〉〈優物〉といった言葉からもわかるように青山が惚れぬいていたこの箱の中味は、「虫歯」という銘の古唐津ぐい呑［61頁］である

ぐい呑ふたつ
青山二郎と廣田熙

「絵は良寛の書の如く」
廣田熙旧蔵
《絵唐津草文ぐい呑》

筒形の姿も端正だが、何といっても草文の、
強く単純な線が美しい　不孤齋から壺中居
を継いだ甥の熙が念願叶って手にしたもの
桃山時代　高7.5cm

「余之愛玩陶器中
五指之中優物也」
青山二郎旧蔵
《唐津筒盃　銘「虫歯」》

銘の「虫歯」はぐい呑の腰の辺りが片方に膨らんでいるのを、歯痛のほっぺたと見たのだろう　小ぶりで、一見地味な盃なのだが、よく見ると、そして手に取ると……
桃山時代　高5.2cm

「絵唐津草文ぐい呑」の背面と高台

［左上／左］しっかり描かれた表とは異なる、背面のかすれた、はかなげな線がまた味わい深く、〈良寛の書〉という廣田の形容はこちらのことではないか、とさえ思う　高台の「風化」具合も素敵だ

「虫歯」の見込と高台

［右／右下］枇杷色の一言では片づかない、渋さの内にほのかな華やぎを含んだ釉色、細かく貫入の入った地にまるで横雲のように広がる火間（釉の掛け残し）、乾いているはずなのになぜかしっとりと湿りを帯びているように感じる高台まわりの土味……讃辞の羅列はきりがないし、むなしくもある

昭和25年、日本橋の壺中居にて対坐する青山二郎(右)と小林秀雄　小林が手にしているのは、ここで取り上げた絵唐津草文ぐい呑である　撮影＝濱谷浩

数ある古唐津のぐい呑のなかでもっともよく知られており、いっぺんでいいからあれで飲んでみたいと酒呑にあこがれの思いをいだかせるのが、ここにあげたふたつである。唐津ぐい呑の両横綱、とでもいうか。

　絵唐津のほうは骨董商の老舗「壺中居」の元主人、廣田熙《ひろし》（1909〜95）の旧蔵品で、筒なりの姿も端正だが、なんといっても草文の、つよさとはかなさをあわせもった筆致がすばらしい。廣田自身〈絵は良寛の書の如く〉と愛着の情をあらわにするのもうなずける滋味ぶかい作で、類品もあまりない。

　入手のいきさつはこうである。昭和17年ごろ、東博の陶磁部長だった北原大輔の家でこのぐい呑をみた廣田は、ひとめでほれこみ、その後たびたび所望する。ところがそんな彼の思いを知りつつ横どりした友人がいて、怒る廣田に「自分が死んだら献上する」という。むろん待ちきれない彼は復員後友人の家を訪ね、生きてかえってきたのだからと、万古焼の手鉢と交換させせたのだった。商売をこえた眼利きと白洲正子が評した廣田に「死にきれない」思いをいだかせたこのぐい呑、もとはといえば北原が浅草の夜店で、たった50銭で買ったものという。

　じつはもうひとつの「虫歯」も廣田の旧蔵品である。まえの持主が青山二郎（1901〜79）で、「虫歯」という銘は彼がつけた。ぐい呑の腰のあたりが片っぽうにふくらんでいるのを、歯痛のほっぺたにみたてたのだろう。うまい。

　箱の蓋裏には彼の手で〈余之愛玩陶噐中五指之中優物也〉とある［59頁］。それをみたときはなんだか胸にこたえた。重い言葉だと思った。青山は中国、朝鮮、日本のやきものを知りつくした男である。茶陶とか鑑賞陶器とか民芸とかいった枠をとっぱらって、骨董という概念を、ほとんど独力で発明した人である。たいていの骨董好きはいまでも青山のてのひらのうえで右往左往しているにすぎない。〈青山は書物を読んだり、時代考証をする学者や好事家とは異なり、一つの瀬戸物と果たし合いをするのである。何時間でも何日でもその器を眺め、いじり、抱

廣田熙　昭和49年、壺中居にて

き、離れては思い詰め、夢に見るほど溺愛する〉(今日出海)。そうして愛玩したおびただしい数のやきもののなかで五指に入るだけの力が、このこぶりなぐい呑にはあるということで、それはなんだろうと撮影のあいだずっと考えていたけれど、わかるはずもない。ただし御好意で手にとらせてもらったときの、おさまりのよさにはおどろいた。手のなかにあるのをわすれるくらいだった。

　ある年配の骨董商に「絵唐津と虫歯、酒を飲むならどちらをえらびますか」ときいたことがある。本人のこたえはなかったかわりに「小林(秀雄)さんも白洲さんも廣田さんも、きっと虫歯をとるでしょうねえ」といった。[編]

古唐津愛の草分け
古舘九一

在りし日の古舘九一　唐津市の自邸にて

これまでみてきたように古唐津は人気のあるやきもので、市価も高い。いつごろからそうなのだろうと気になっていたところ、古舘《ふるたち》九《く》一《いち》（1874〜1949）の名を知った。古唐津再評価のきっかけをつくった人として。

もちろん奥高麗茶碗などは大名茶人松平不昧の『雲州蔵帳』にのっているし、幕末には「掘出唐津」といって発掘茶器を珍重するふうもあったようだが、それはかぎられた茶人の趣味だろう。たとえば昭和10年に唐津をおとずれた陶芸家の石黒宗麿は、ある手紙でこう記している。〈唐津ハ今迄私等の考えて居たものとは全然異って居りました（略）二三の聚蔵家のもの　初期のものを拝見して驚きました　決してキタナイ　そして亡国的な　茶趣味な　隠遁的なものではありませんでした〉。その〈聚蔵家〉のひとりが、古舘九一だった。

唐津に拠点をおく杵島炭鉱の重役だった古舘が、いつごろからやきものに関心

［左］古舘九一（左端）は、岸岳の麓の古唐津窯址で大量の陶片やぐい呑等を発掘した　陶片の一部は九一の長男均一により唐津市に寄贈され、現在は唐津城内に展示してある
［下］佐里駅よりながめた岸岳の姿　昭和16年

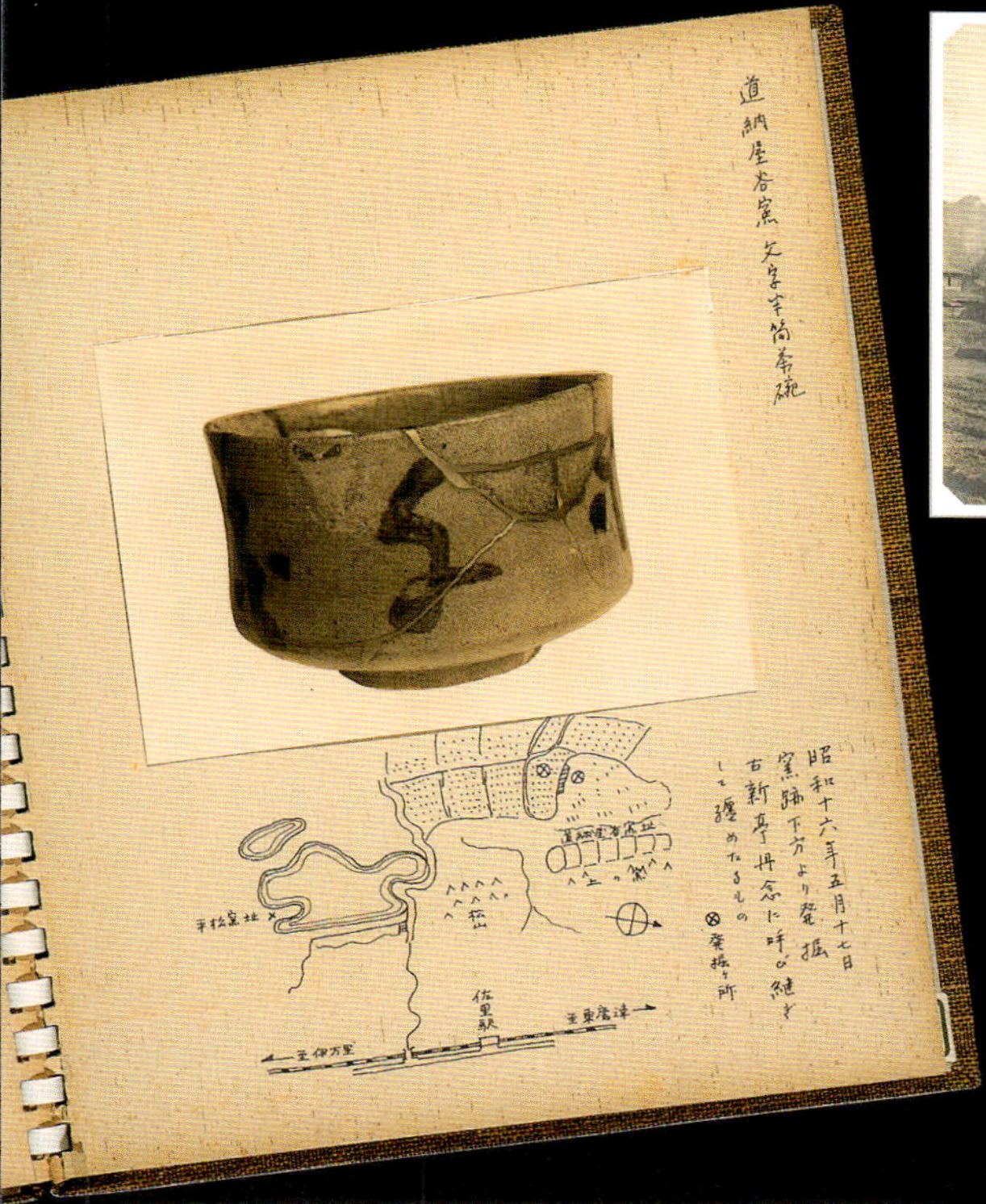

［左］古舘の楽しみは、発掘した陶片を呼継（よびつぎ）してぐい呑や茶碗を作ることだった　この茶碗は道納屋谷窯出土の陶片を使ったもので、発掘場所まで丁寧に記されている　現在これら呼継茶碗は九州陶磁文化館に寄託されている
［下２点］昭和16年に出土したぐい呑と徳利

をもちはじめたのかはわからない。ただしその家系をさかのぼると、秀吉の名護屋築城にさいして堺より移住した商人、木屋山内利右衛門にあたり、古舘家では山内家伝来のおもに陶磁器を蔵していた。なかにはとうぜん古唐津の優品もあり、その魅力を知った古舘は昭和5年55歳で会社を辞し、以後は古唐津窯址の発掘、研究にひたすらとりくむのである。

古舘旧蔵の絵唐津茶碗　彼はこの茶碗を「加賀様」（つまり百万石の風格があるという意味）と呼び、普段の茶事で愛用していた

それまで古唐津研究が手つかずだったわけではなく、金原京一という地元の骨董商が地道に窯址を踏査していた。金原と知りあった古舘は調査資金を援助し（杵島炭鉱社長の高取九郎も後援者だった）、そしてみずからも発掘におもむき、70〜71頁の図集に描かれているような美しい古唐津の陶片を大量に収集して窯ごとに分類し、3000坪の敷地内に建つ広壮な屋敷に展示した。

昭和初年は志野や織部や備前といった桃山のやきものが再評価されはじめた時代だった。「唐津に古舘あり」というのは陶芸家の川喜田半泥子［77頁］の言葉だけれど、古舘の古唐津収集はじきに有名になり、屋敷には宗磨や半泥子や唐九郎といった作家、小山冨士夫［78頁］ほかの学者、収集家の田中丸善八［72頁］などが来訪し、埋もれていた古唐津の美を熱く語りあった。そこに、いまの唐津人気の原点がある。

〈古舘さんの唐津系統の蒐集は、得難いものである。伝世品と、発掘とを問わず、唐津系のものはよくも普遍的に集められている。（略）然もそれが、例のお金臭い集めかたでなく、全くの愛陶趣味から来ているから、破片の如きも一小片に至るまで、出所を明記して研究の便にする深切が現れている。呉々も市場価値を度外した蒐集が嬉しい。世の愛陶家諸君は、古舘さんの質実さと、陶片に対する深切さに見倣われたい〉（川喜田半泥子）

いわば古唐津の恩人なのに、古舘九一の名はほとんど知られてこなかった。いまこうした記事が書けるのは、彼の息女である一力安子さんが、古舘がのこした資料をたんねんに読みこみ、『陶説』他の誌上で発表してくれたおかげである。古舘の死を看取った彼女は、亡くなる2、3日まえに父親が流した涙をおぼえている。戦後に古舘家は逼迫し、屋敷も、収集品も手放さざるをえなかった。病みおとろえた手足をさする娘に、九一が声をかける。「安子、庭にテニスコートがあったろう。あそこにね、古唐津の美術館を建てるつもりだった」。それは古唐津をこよなく愛した男が娘にみせた、最初で最後の涙だった。[編]

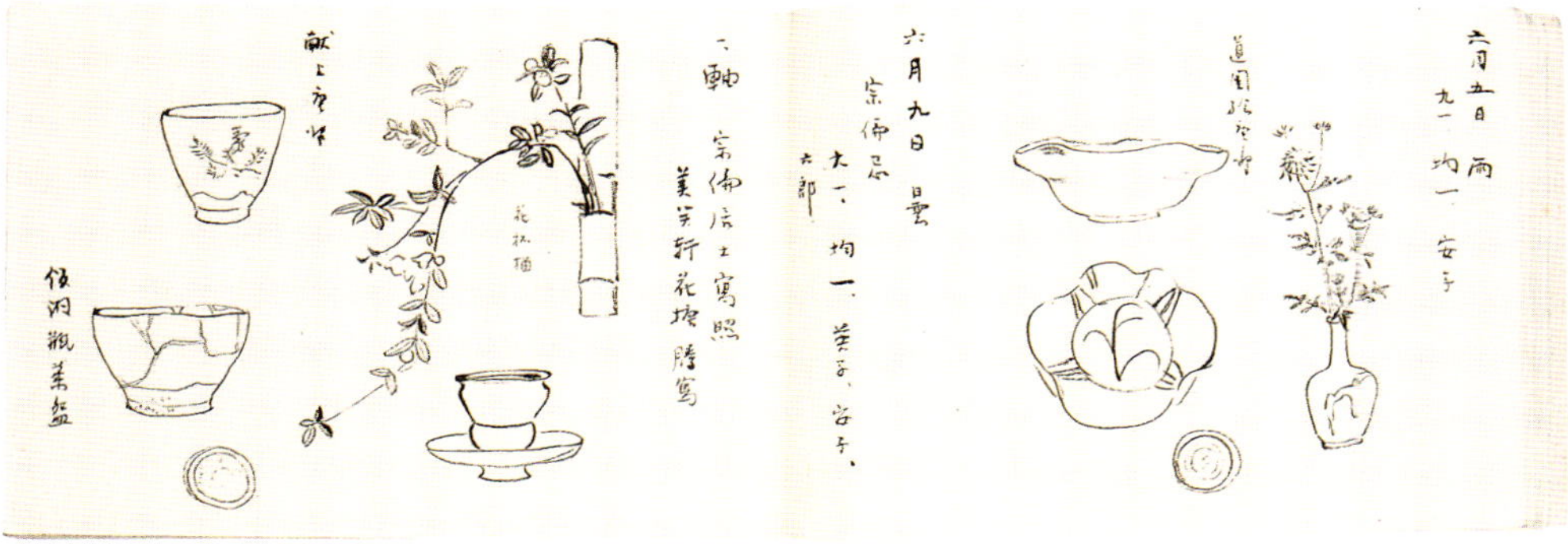

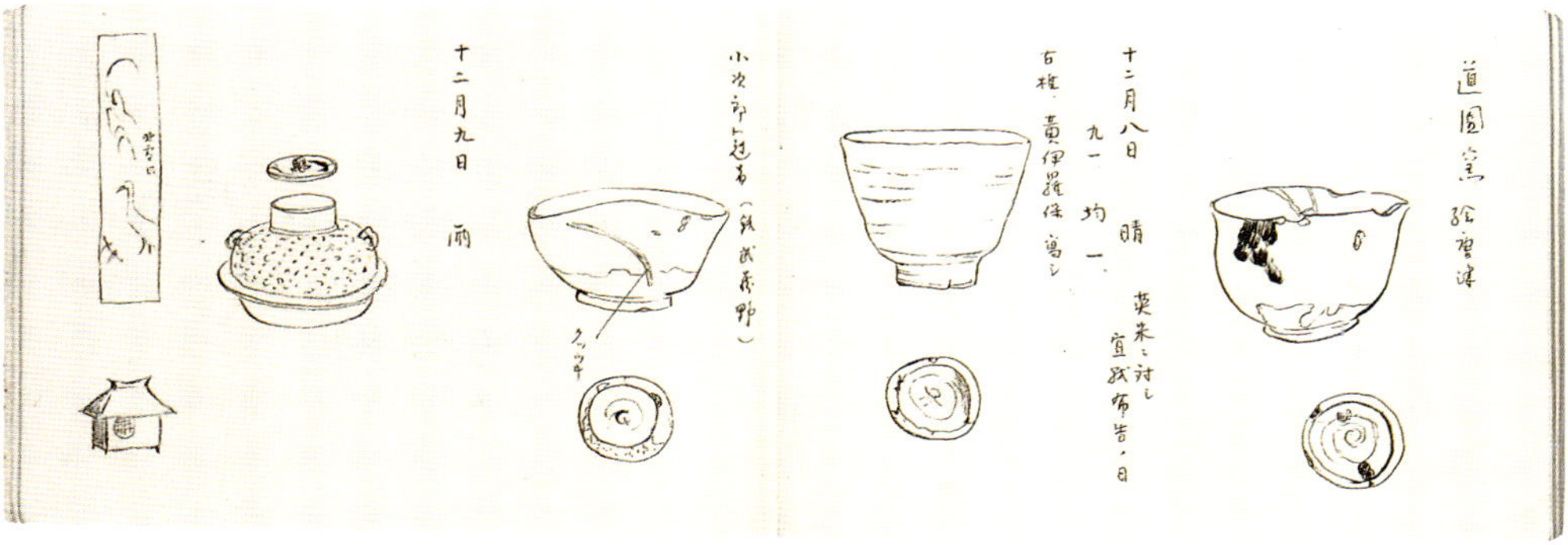

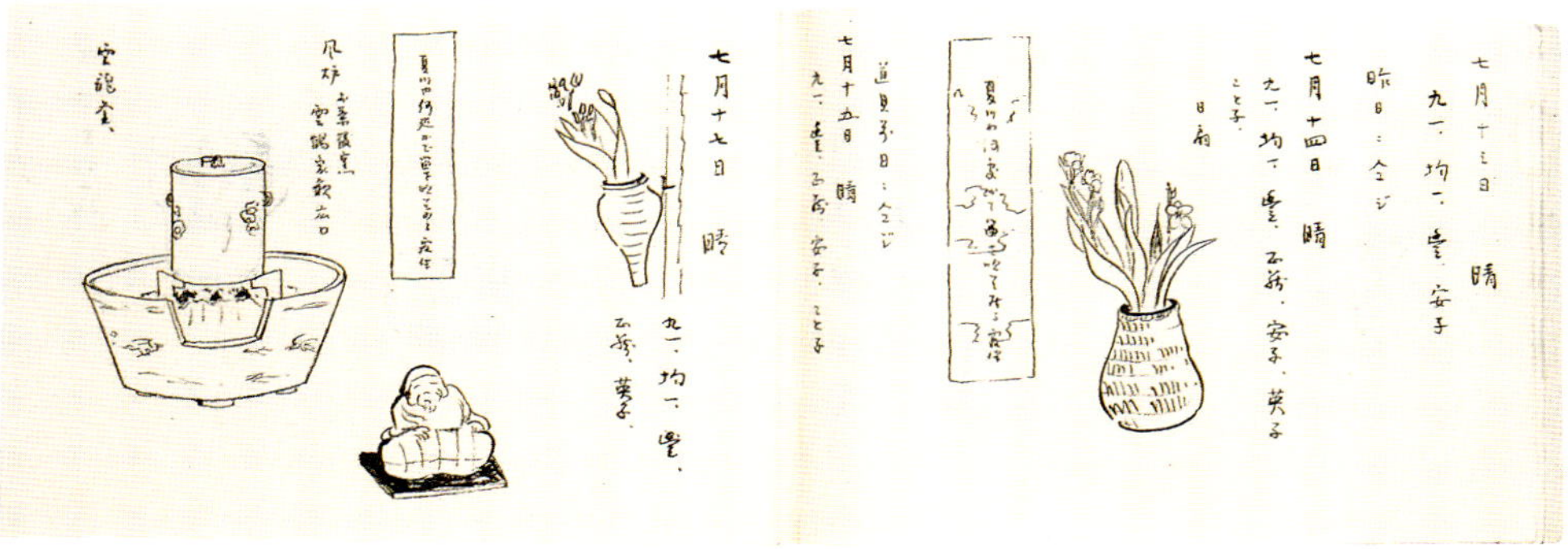

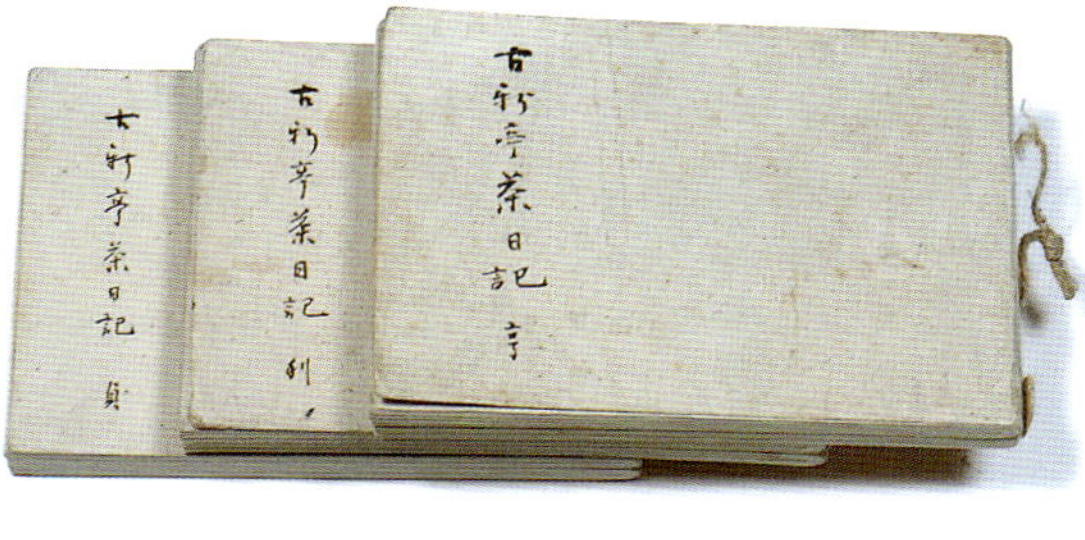

古舘家に残された茶日記　昭和8年12月から同17年9月までのほぼ毎日、午後3時より行なわれた茶事の記録である　道具は九一が揃え、茶は妻が点て、息子と娘達が席に坐す　そんな家族だけの茶会に生けられた花や道具の数々を、長男の均一が日々克明に描写する　世がなべて騒々しかった時代に、唐津の、森閑とした屋敷内では、淡々と、しかし濃密な時間が流れていた　妻の死で茶会が途絶えるまで
資料提供＝一力安子氏（67〜71頁）

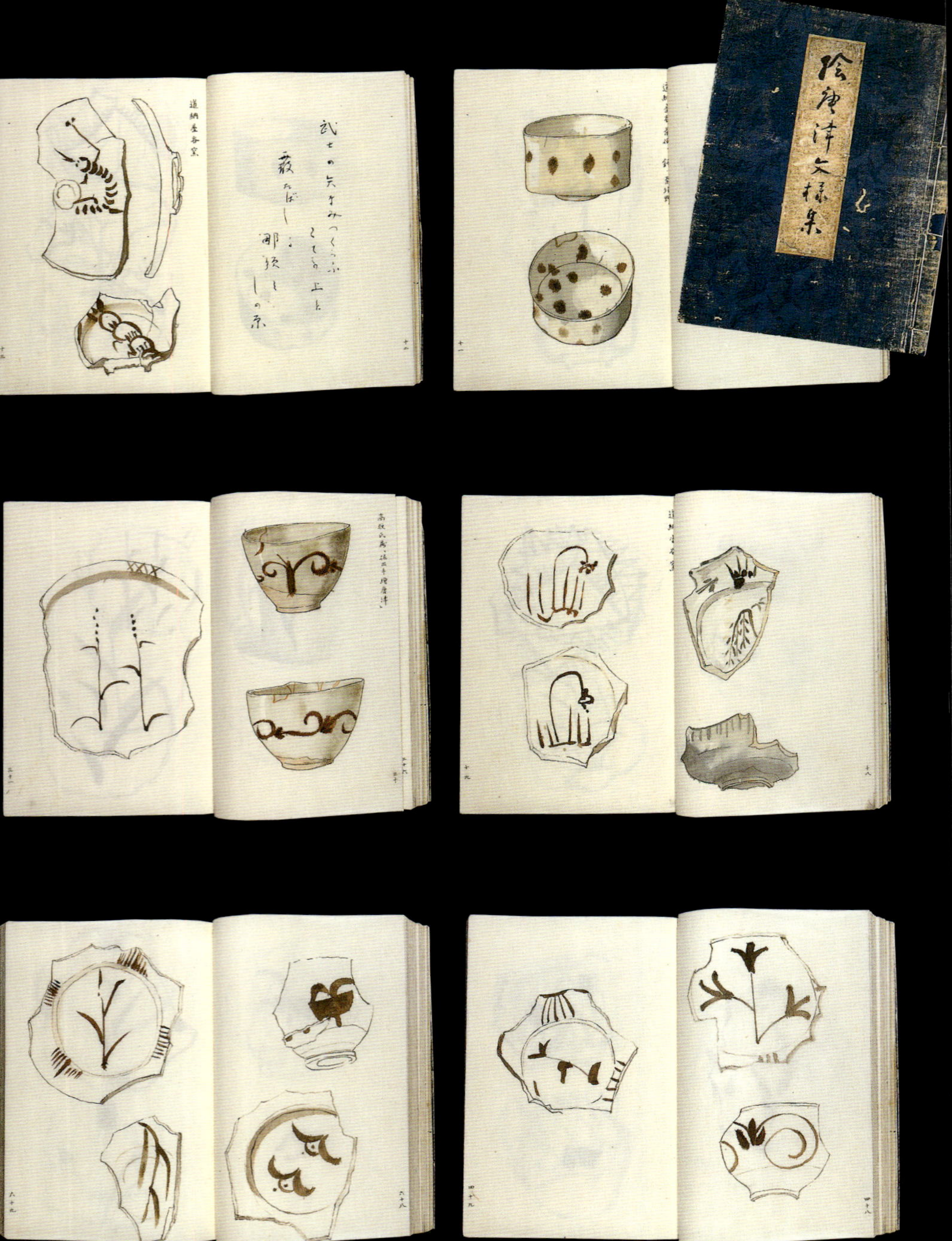
絵唐津文様集
道納屋谷窯
武士の矢なみつくろふ
こての上に
霰たばしる
那須のしの原

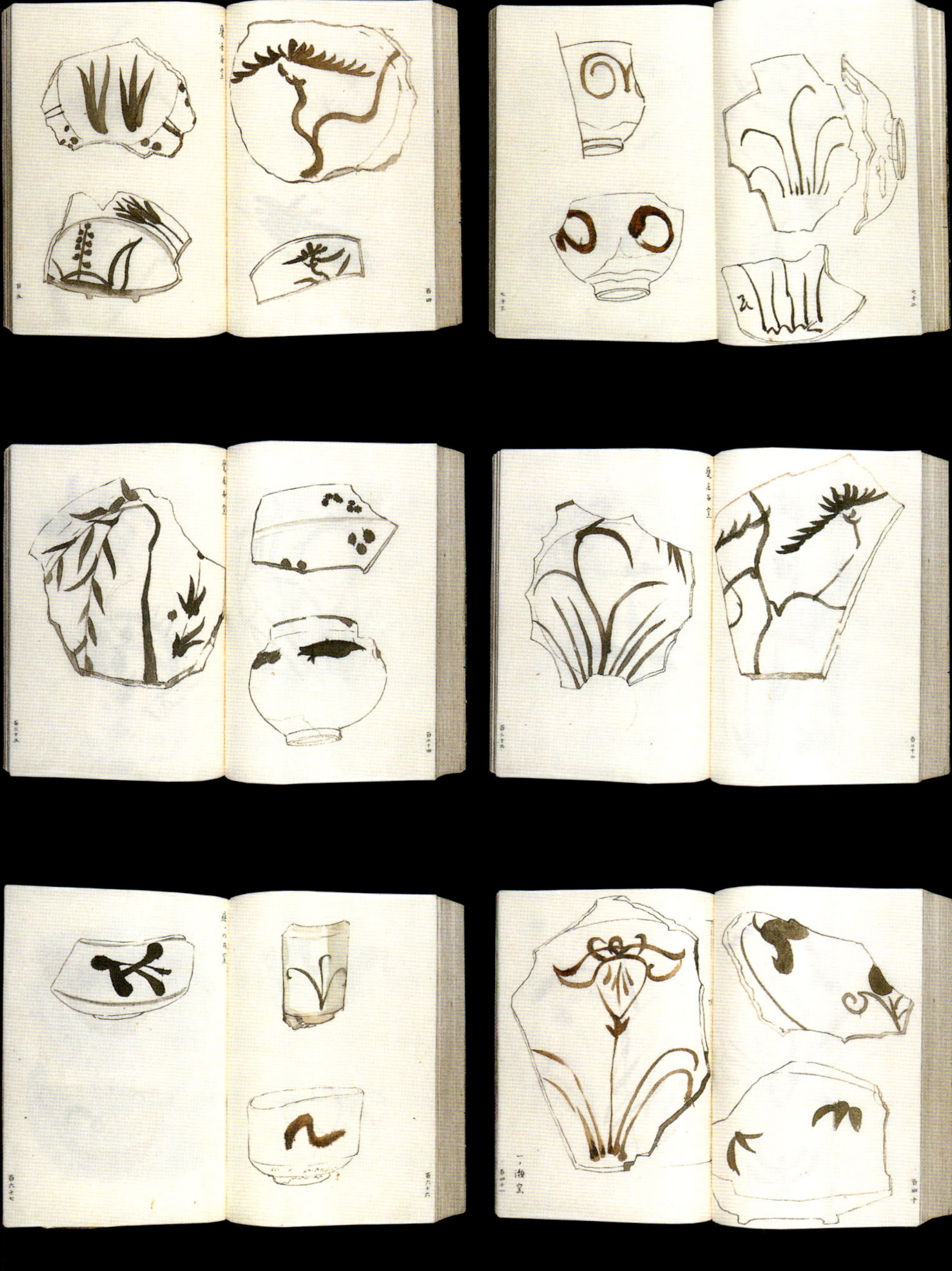

古舘が発掘し、窯別に分類整理していた絵唐津の陶片群を長男の均一が描いたもの　昭和15年に170頁の和綴本にまとめられた　陶片の写真と比較すると実に正確だが、資料的価値を超えて画集として見ても美しい　均一は設計の仕事をしていたが、当時は病のため実家で静養中だった

古唐津や古伊万里、鍋島など、九州陶磁の名品が並ぶ田中丸邸の宴　前列左から３人目が主人の善八、善八の右隣は松永耳庵である　昭和44年５月

名碗名陶をいつくしむ宴
田中丸善八

古唐津には東西の二大コレクションがある。東京の出光美術館と、福岡の田中丸コレクション。まずは西の話から。

佐賀県に生れた田中丸善八（１８９４〜１９７３）は、九州では老舗の百貨店「玉屋」の創業者で、やきものを集めだしたのは昭和７、８年ごろ、はじめから九州諸窯の古陶磁に的をしぼっていた。ただし当初は伊万里や鍋島の色絵磁器にひかれていたようで、それが唐津にかたむくのは昭和15年ごろ金原京一と出会ったのがきっかけらしい。古唐津研究の草分けだった金原はそれ以後田中丸家の食客同様となり、善八の収集をたすけた。田中丸コレクションの唐津の箱書の多くは金原によるものという。

５００点をこす収集品のうち唐津は１

省筆を極めた茎葉の上に、モヤモヤと湧く
黒雲みたいなアヤメを描く　単純で玄妙、
器の文様というより絵画で、たぶん何時間
見ていても飽きることはないだろう
《絵唐津菖蒲文茶碗》　桃山時代　高9.2cm
田中丸コレクション　撮影＝藤本健八

上の菖蒲文茶碗とともに、絵唐津
茶碗を代表する名碗　その柔和な
作行が、静かに人を惹きつける
《絵唐津木賊文茶碗》　桃山時代
高9.1cm　田中丸コレクション

田中丸邸の宴には約束がある　屋敷を辞す前に主人
お気に入りの木賊文茶碗を色紙に描くことである
来客簿代りのそれが何枚残っているかは不明だが、
上右は東山魁夷（色紙を持ち帰り、自宅で描いた）、
上左は坂本繁二郎の絵　田中丸コレクション

30点を数え、器種も多様だが、「田中丸の唐津」といえばなんといっても菖蒲文と木賊文《とくさもん》の茶碗が有名で、両碗に共通する瀟洒でおだやかな作行は、数ある絵唐津のなかでもしずかにきわだっている。

田中丸という人には泰然自若たる大人《たいじん》のふうがあり、屋敷をおとずれる財界人や収集家、美術家や学者といったひっきりなしの来客に、つねに温顔をたたえて接するもてなしの達人だった。むろん相手がやきもの好きとわかるとなおさら応接に熱が入る。日本美術の大コレクター、ハリー・パッカードによれば〈前もって連絡すると、私の見たいものを尋ね、(略)唐津なら唐津を六、七十点、八代とか高取、柿右衛門、鍋島も何十点も用意して、十分に勉強をさせて下さった〉という。若手の陶芸家には作陶の参考にするようにと、古陶の名品を貸しあたえた。まさに収集家の鑑である。

田中丸邸をおとずれる客のたのしみは主人のやきもの話と、夫人の手料理と、それを盛りつける古陶磁の名品だった。陶磁学者の三上次男は追憶する。〈どれ一つとっても、展覧会ででもなければ対面できないような古唐津が、おしげもなく使われていて、さてこの次はどのような食器が現われるだろうかと、胸をときめかしたものである〉。「電力の鬼」とよばれた財界茶人の大御所、耳庵松永安左エ門もたびたび来訪し[72頁]、やきもの談義に花を咲かせたが、善八の子息の善司さんによると、耳庵は食卓にだされた古陶磁の名品を欲しがって手からはなさず、主人をずいぶんこまらせたらしい。しかし善八も負けていない。耳庵がくる日はある衝立をだしてむかえた。「くわばらくわばら」という仙厓《せんがい》の書である。

田中丸の訃に接した小山冨士夫は〈何か九州がうつろになったような気がする〉となげいた。おそらくそのころの唐津好き、やきもの好きにとって、福岡の田中丸邸は、憂き世をわすれさせてくれる楽園のような場所だったのだろう。いま、そんな場所はあるのだろうか。古くて美しいやきものが、みずみずしく、屈託なく生かされている場所が。[編]

雑器を茶碗に見立てたとも、初めから片口形茶碗として焼かれたともされる『大正名器鑑』にも記載のある名物で、長州毛利家から井上馨へ、そして益田鈍翁へと、華々しい伝来を持つ
《奥高麗片口茶碗　銘「離駒」》　桃山時代
高7・2cm　田中丸コレクション　撮影＝藤本健八

「唐津嫌い」が日本一の収集家に

出光佐三

出光美術館の古唐津コレクションは300点ほど。質量ともに文句なしに日本一で、出光の蔵品ぬきに「古唐津名品展」はひらけない。それは唐津にかぎった話ではなく、日本のやきものでは古九谷も乾山も仁清も板谷波山もそうなのだけれど。ただし唐津は別格、なぜなら出光興産の創業者である出光佐三（1885〜1981）が昭和41年に美術館をつくった理由は、はやくから集めていた仙厓と唐津が〈散らばらないように〉と考えてのことなのだから。

けれども意外なことに、もともと出光は唐津ぎらいだった。〈私は唐津の茶碗とかいったものは、手でひねくった人為的なものだと思っていましたから嫌いだったんです〉。そうした先入観をくつがえしたのが丸十文の茶碗［76頁］なのだが、昭和14年、ある骨董商がもちこんだそれを出光ははじめ贋物と思ったらしい。

「こんな唐津があるか。もってかえれ」

「いいえ、これがほんとうの唐津です。世間によくあるのは茶人がつくらせた後代の作で、これこそが桃山の古唐津なのです。近年の窯址調査でわかりました」

というふたりの会話は、古唐津再発見時代の証言にもなっていて興味ぶかい。

骨董商の言葉をきいた出光は胡座から正座にすわりなおし、茶碗を手にとり、しばらくながめていた。そして「これがほんものなら、いくらでももってこい」といった。それが収集のはじまりである。

古唐津収集のきっかけとなった《絵唐津丸十文茶碗》を手にとる出光佐三　昭和44年

《絵唐津丸十文茶碗》　桃山時代
高9.0cm　出光美術館

陶芸家の川喜田半泥子も丸十文茶碗に魅せられたひとり　初めて見た時感激した彼は早速「写し」を作っている
右は川喜田半泥子《絵唐津丸十文茶碗》
昭和14年頃　高8・0cm　出光美術館
ポートレートは昭和15年の撮影

以後およそ10年間で、いまのコレクションをほぼ築きあげたという。戦中戦後の混乱期は大名家や地方の名家が門外不出の名品逸品を手ばなした時代である。出光さんが唐津をはじめた、との噂は骨董業界にすぐひろまったはずだから、仕入れた唐津はまず出光へ、という流れができていたのかもしれない。

本書でも出光美術館の蔵品を多数掲載している。1頁の柿文壺、7頁の松文大皿、25頁の不昧公旧蔵奥高麗茶碗などはいずれも古唐津を代表する優品である。しかし出光自身は〈初めて買った丸十の茶碗が一番いい〉という。この茶碗、薩摩島津家の家紋を思わせる絵柄はたしかにおもしろいけれど、ほかにみどころはあるのかなと、撮影に立ちあうまえは思っていた。あさはかでした。まず深々とした見込にひきこまれた。そして手にとらせてもらったときの、てのひらにすいつくような、それでいて狎れた嫌味のみじんもない、あえていうなら在野の高士と対しているような快さ。

ところで、出光美術館にはもうひとつ丸十文の茶碗がある［上］。川喜田半泥子の作である。じつは丸十を出光にもちこんだ骨董商はその前日に半泥子をたずね、くだんの茶碗をみせている。感激した半泥子はそれをもらおうとするのだが、出光にみせるまではとことわられた。そこで一晩借りうけ、轆轤で一気に挽きあげた数碗のうちのひとつが、この、本歌への敬意がそのまま素直なかたちにあらわれたような「写し」である。［編］

出光美術館　*idemitsu museum of arts*

出光佐三が70年余にわたって収集した美術品を一般公開するため1966年に開館した。所蔵品は、本書で紹介した古唐津コレクションのほか日本・中国の陶磁器を中心に、国宝《伴大納言絵巻》をはじめとする日本の書画作品、ジョルジュ・ルオー等、多岐にわたる。

｜住所｜東京都千代田区丸の内3-1-1 帝劇ビル9F
｜開館時間｜午前10時～午後5時（入館は午後4時30分まで）
｜休館日｜月曜（祝日の場合は開館）、展示替等の場合臨時休館
｜電話｜03-3213-9402
｜URL｜http://www.idemitsu.co.jp/museum/
◆北九州市にある出光美術館（門司）でもコレクションが公開されている。

陶片の美

小山冨士夫

陶磁学者の小山冨士夫は、晩年は磊落
な作風の陶芸家としても知られた
昭和42年、鎌倉市二階堂の自邸にて

小山が親友・石黒宗麿の形見として譲り受けた品で、豪快な松の描きぶりは絵唐津陶片の白眉とされる　中央に、松の幹とは異なる色味の鉄釉が掛かるが、それは見込の疵を嫌った石黒によるものつまりこの陶片は2回焼かれていることになる
《絵唐津松文大皿陶片》　桃山時代　長39cm

顔と耳なんてほとんど一筆描きだし、胴を鉄釉で塗り潰して画面を締めているのも見事　達者というほかないけれど、小山の子息で陶芸家の岑一さんいわく「昼飯喰ってる時にウサギが飛び出して来たから、あ、描いてみようかなってところじゃない?」　その、肩の力の抜け加減がいいんですね
《絵唐津兎文大皿陶片》　桃山時代　長32.5cm

大酒呑みだった小山が、酒注ぎとして愛用していた絵唐津の片口　殴り描きみたいな文様は藁束によるものか　ぐい呑は高取・山田窯の作　高4.6cm（左）

小山冨士夫（1900〜75）は晩年は磊落な作風の陶芸家として知られたが、昭和36年に「永仁の壺」事件の責任をとって公職を辞すまでは、世界中の研究者が尊敬する陶磁学者だった。小山によって日本の、そして世界の陶磁研究は鑑賞主義から実証主義へ、つまり古窯址調査などに重きをおく近代的な学問に生れかわったのである。日本、朝鮮、中国の窯址を歩いて小山が採集した陶片は〈十万は降らない〉というが、なかでもとくに気に入って鎌倉の自宅の軒下にかざっていたのが79頁の松文絵唐津だった。

織部とともに、いやそれ以上に絵唐津の陶片は人気があって高価なのだけれど、この豪快な松文と80〜81頁の飄逸な兎文（これも小山のものだった）は絵唐津陶片の「三大名品」としてつとに知られている。〈絵唐津の絵には、子供の自由絵ともちがい、練達した画家の筆とももちがった一種の趣がある。なれきってはいるが、どこまでも素純さを失わない、実に含蓄の深い絵である。書で言えば木簡や、李朝の陶活字本を見るような親しさがある。いい絵唐津の破片を見ていると、枯れぬいた古老にでもあっているようで、自ら心がにこやかになる〉。考古学の見地からすれば史料にすぎない陶片についてこのような、ものやわらかな名文を草しえたところに小山の学問のふところの深さがあるのだと思う。

小山の子息で陶芸家の岑一さんは、子どものころ旅さきから父親がもちかえった陶片洗いをよく手伝ったという。庭に桶をだして、泥を落したら芝生のうえにならべる。冬場は水がつめたくていやだったが、わざわざ親爺がひろってくるんだ、ただのカケラじゃないのだろう、とは思っていた。近所の由比ヶ浜では陶片ひろいをして遊んだ。家にもちかえって小山にみせると、いいものだけを選ってくれた。そのよろこぶ顔がみたくて、父親のいう「いいもの」をさがすようになる。それは、ものをみる眼ができあがってゆくときの、理想的で、しあわせな情景ではなかろうか。

ある展観で小山の松文陶片をみた詩人の安東次男はいう。〈私はそこに、数々の名陶展に参劃してきた氏の、もう一つの顔を見たように思った。焼物の面白さは結局和陶の一破片に尽きる、と氏は言っているようである〉［編］

［下2点］愛用の酒器から唐津をもう一つ　黒唐津のぐい呑で、手にすっぽりとおさまるし歪んだかたちも酒のながれがよさそう　箱書の「黒唐津」は小山の筆　右側面の絵は陶芸家の荒川豊蔵がこのぐい呑を描いたもの　長径8cm

陶土をめぐるミステリー 須藤善光

陶片を手に、唐津の土について語る須藤善光氏

だれよりも土にくわしい、ときいていた。その人、須藤善光さんとは、人里はなれた山瀬の山中にある、陶芸家田中佐次郎さんの工房で落ちあった。須藤さんは以前、作家に陶土を卸す材料屋だったという。仕事がら唐津の古窯址をくまなく歩き、粘土を採取し、窯で焼いて上がりをみる。しかしあらゆる方法をためしても、古唐津独特の土味はでなかった。新陶と古陶の陶片を砕いて分析するとまるでべつものである。なぜか？

以下は彼による、どんな本にも書いていない、古唐津の土の秘密の話。

謎をとく鍵は櫨《はぜ》の谷《たに》の窯址だった。陶片［左頁］は出土する。しかしどこをさがしても、陶土となりうる粘土層がなかった。やたらにあるのは砂岩［左頁］だが、それでやきものはつくれない。どうしてそんな不都合な場所に、わざわざ窯を築いたのだろう……という疑問を解決するまでのいきさつは省略するけれど、ようするに砂岩が陶土に化けたのである、須藤さんの実験室で。

砂岩をこまかく砕き、そこにある工夫をしてバクテリアを繁殖させ、しばらく寝かせておく。すると砂岩は別成分の土に生れかわるという。しかもそれは採集粘土なんかよりずっとコシのある、つまり轆轤を挽くにはじつにぐあいのよい陶土だった。須藤さんによると櫨の谷にかぎらず、古唐津の窯の多くは砂岩をもちいている。採集粘土でつくる新陶が、古陶と似ないはずである。

朝鮮からきた陶工は磁器を焼くつもりだった。しかし原料の白磁鉱石がみつからないため、かわりに砂岩を改良して陶土をつくり、磁器焼成用の窯（登窯）で焼いた（ちなみに古伊万里の原料である有田泉山の白磁鉱石も、砂岩とおなじで、改良しないと陶土にならない）。当時の陶工がどんな方法で砂岩を陶土にかえたのかはわからないけれども、彼らがもちこんだ陶土製造法こそが、唐津を唐津たらしめた、そして伊万里の磁器を生んだ、もっとも大事な技術なのだと須藤さんは力説する。自藩の窯業にかんする鍋島藩の常軌を逸した秘密主義も、それを守るためだと考えれば納得がゆく。

　その技術がとだえた理由は、明治以降、改良せずに陶土となる天草産の白磁鉱石を使用するようになったからである。つかわない技術はすぐにわすれられる。まして秘密の技術なら――といった話（正確につたえられたかどうか不安だが）をきいて、おどろいた。世間でよくいう古唐津の土味は、砂岩の味ということになる。須藤さんはなげく。陶芸家も研究者も土のことを知らなさすぎる、やきものづくりの肝心要は釉薬でも文様でもかたちでもなく、土なのに、と。［編］

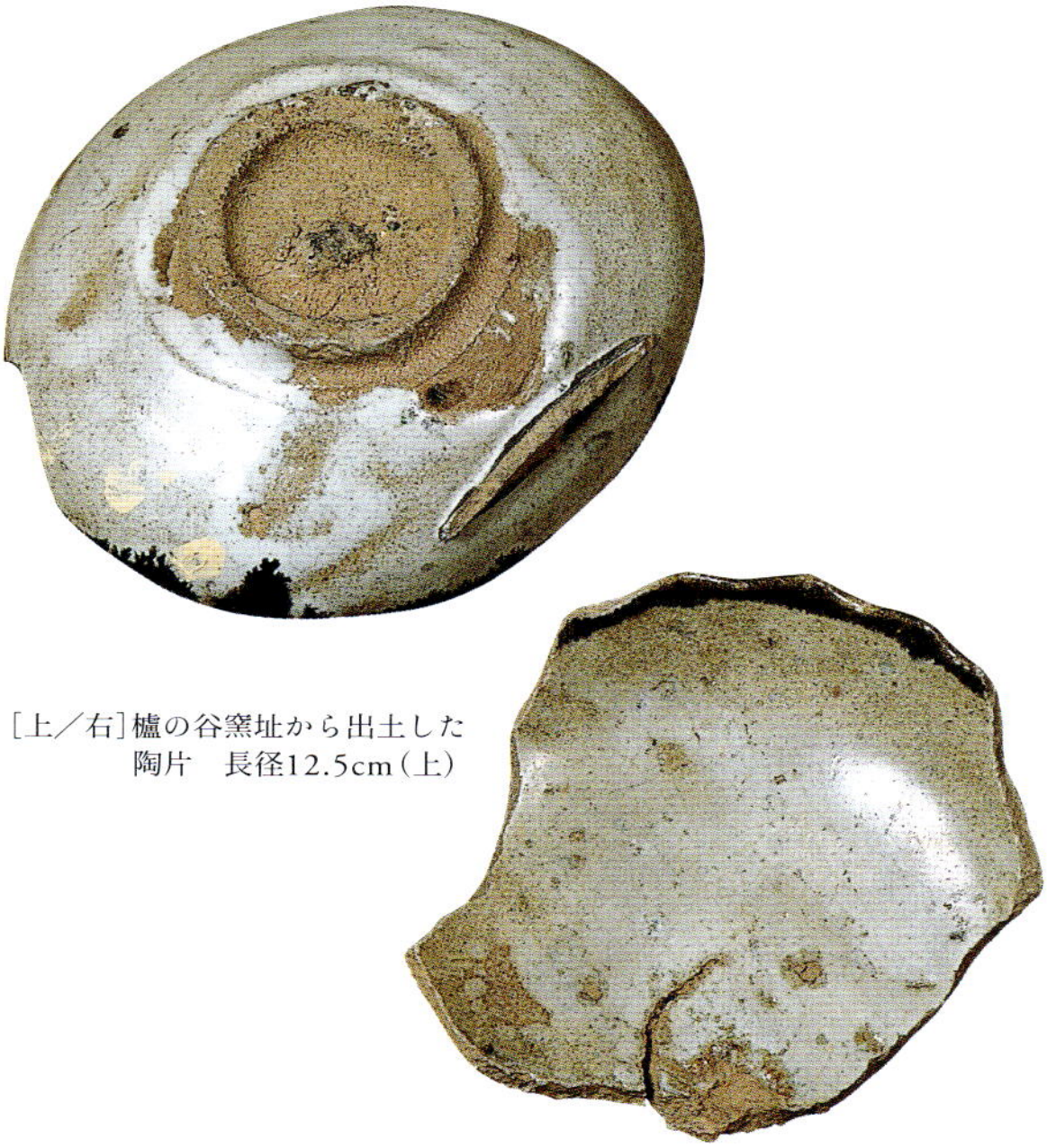

［上／右］櫨の谷窯址から出土した陶片　長径12.5cm（上）

櫨の谷窯址の周辺には陶土となりうる粘土層がなく、あるのはこうした砂岩だけだった

雅俗のあわい、唐津の純一

青柳恵介［古美術評論家］

波戸岬より玄界灘をのぞむ　朝鮮半島にもっとも近いこの一帯は、古来より大陸との交流拠点　倭寇で名を馳す松浦党の水軍もこの海域を根拠地とした

一口に唐津と言っても、無地唐津に絵唐津、斑唐津や朝鮮唐津、黒唐津に青唐津、不思議な名称では奥高麗とか瀬戸唐津、備前唐津と呼ばれるような種類があり、窯の系統にしても岸岳系、松浦系、武雄系、多久系、平戸系等と分かれ、肥前一円にわたって二百を越える窯が分布しており、とても一概には論じられない。論じられないのだが、唐津というやきものの魅力は、百様であっても純一で、力強く迫ってくる。多種多様なやきものだが、肝所はいたって明快だ。中世の古窯に対して近世の黎明を告げるやきもの、渋さの中にはなやかさを包み込んだやきもの、やきものに味というものがあるのだと私達に気づかせてくれるのが唐津である。さらに、陶磁器における和風とは何かということを具体的に示してくれるのも、唐津というやきものだ。

　言うもおろかだが、朝鮮のやきものとの交渉を抜きにして唐津の成立はあり得ない。豊臣秀吉による文禄・慶長の役（一五九二〜九八）の朝鮮出兵以前に、佐賀県北部の北波多村、岸岳城周辺の飯洞甕《はんどうがめ》・帆柱《ほばしら》・皿屋・山瀬といった窯で最もはやい時期の唐津が焼かれており、それがどこまで遡るかは措くとしても、そこで焼かれた藁灰釉のやきもの（いわゆる斑唐津）が、北朝鮮の会寧《かいねい》もしくは明川《みんせん》のやきものと酷似していることは素人眼にも明瞭だ。そして岸岳城の城主が水軍で名を馳す松浦党を代表する波多氏であってみれば、誰しも背景に倭寇の暗躍を思い浮かべるであろう。最近の倭寇の研究によれば、もっぱら日本人が朝鮮や中国南部沿岸地域の産物の略奪、住民の殺戮や拉致を繰り返したわけでもなく、いわばその実体は東アジア広域にわたる国際的ギャング団であったようであるけれども、いずれにせよ国家権力の及ばぬところで中国人、朝鮮人、日本人、時には東南アジアの人々も入り交じった私貿易、住民の闇出国、闇入国が行われていたに違いない。

　想像すれば、九州の松浦党においては、領主自身が一箇の大商人、唐津の辺には普段は漁業か農業を渡世としているような顔をしているが、船に乗って、八幡大菩薩の幡旗を揚げ外洋に漕ぎ出せば、陽に灼けた顔の何を仕出かすかわからぬ不逞の輩が蟠踞していたのではあるまいか。外来の植物の種がいつの間にか日本で根をおろし、花を咲かせ実をつけるように、岸岳山麓に北朝鮮の窯業が根づいたのである。十六世紀末頃までの唐津の生産量はさほど多くはなかったようであるが、伝承を信じれば、千利休は「子《ね》のこ餅」という銘の筒形の奥高麗茶碗を所持していたというし、壱岐島勝本の聖母《しょうも》神社に奉納されて残っている三耳壺に刻された「天正二十年」（一五九二）という年号に徴しても、唐津は新興の窯業地として人々の知るところとなっていたであろう。

　耳聡い堺や大坂の茶人達の間では、

唐津の作風は李朝に似るが、抽象的な文様の多い李朝とは異なり、眼前の風物に目が注がれている
《絵唐津梅樹文鉢》　桃山時代　高11・4cm
出光美術館

「いや何とも驚いたことではござらぬか、あの波多三河守の国で焼いた茶碗は高麗茶碗と見紛うばかり。聞けば陶人も元はといえば高麗人。内々、波多は随分に儲けているという噂だが、何分波多親《ちかし》という男はあの通りの武骨者、せっかくの陶人の技を生かしきれない。勿体ない話よ」などという会話が交わされ、それが豊臣秀吉の耳に入る。そもそも秀吉は国ぐるみで倭寇を働こうという男である。文禄二年（一五九三）に波多親は朝鮮出兵からの帰還の船中で、領地を没収されることになる。理由は戦功があがらなかったために秀吉の怒りにふれたのだという。波多三河守に代わって唐津領主となったのは尾張出身の寺沢志摩守広高であった。寺沢広高は千利休門下の一人で古田織部と同門、かねてより名護屋城（朝鮮出兵の拠点）の普請奉行をつとめていた男である。一説によれば波多氏改易は寺沢広高の讒言によるものともいう。これは前もって仕組まれた筋書きのもとに断行された芝居だったと見られなくはない。秀吉は趣味素養のある寺沢に、気の利いた茶道具を焼いてみろという積りで唐津を与えたのではなかったろうか。

　空想に耽っているときりがないので、岸岳系のやきものを眺めてみよう。唐津好きの中には、自分は朝鮮唐津の徳利は余り好みではないという人は大勢いるだろうけれど、帆柱窯の斑唐津のぐい呑みが嫌いという人はまずいないだろう。椀なりにしろ、口辺部がやや開いた桶型の、いわゆる立ちぐいと呼ばれるものにしろ、その引締まった姿は潑剌としていて、きりきりしゃんといった様子。これを北朝鮮の会寧のものと較べれば、骨格の逞しさ、器の大きさは失っているけれども、鋭い輪郭線がきわだって見える。また薄青い（雪のように白いものもあるが）海鼠《なまこ》釉を、やはり会寧のものと較べれば、唐津のほうが淡い印象がある。会寧の濃厚でねっとりした釉調に対して、唐津は流れる気勢《けはい》、一個一個の釉の上がりは様々ではあるけれど、斑唐津の名称の通り、色目は一様でなく、あくまで斑《まだ》ら、景色が変化に富んでいる。土味において会寧と唐津との区別がつかぬものはあっても、姿と釉調とを見れば、生みだされた風土の違いは歴然としている。

また、奥高麗という、如何にも訳ありの名の茶碗が文禄・慶長の役以前にどの程度作られていたか実際のところ私などにはわからないし、そもそもは雑器であったものを茶碗に見立てたものか、あるいは初めから茶の茶碗として、茶人の受けをねらって製作されたものか何とも判断がつきかねるのだが、奥高麗茶碗に見える和風という観点に絞って言うなら、高台、及び高台脇に釉を掛けずに土見せを残している点を指摘すべきであろう。井戸にせよ熊川《こもがい》にせよ、はたまた粉引や刷毛目にしろ高麗茶碗は高台までガラス質の釉を掛けるのが一般であるのに、奥高麗茶碗は、あたかも川の流れに足を浸す少女が素足になるような按配で地肌を見せ、陶磁器の官能性を私達に感じさせる。見場《みば》から言えば釉の掛った部分の肌のキラリとした光沢と、土肌の質感の変化が茶碗に緊張感を漲らせ、触感的にも掌の中で高台辺のざらついた土の確かな手触りがアクセントとなり、なおその上に土肌は茶碗を濡らした際の湿った潤いの妙を見せるのである。高麗茶碗に似て、非なる味わいを持つ茶碗である。

慶長の役以降九州に渡って来た朝鮮の陶工の数はどれほどの人数がいたのだろうか。伊万里市周辺の窯跡、武雄市周辺の窯跡、そしてさらには有田町周辺の窯跡は夥しい数に上り、そこかしこに先祖の渡来人の墓や供養塔が残されている。寛永十四年（一六三七）に鍋島藩では窯業に携わる者の急増を防ぐために日本人陶工八二六人を廃業させたといい、これは朝鮮人陶工を守るための断行だったという。驚くほどのスピードで朝鮮の陶工の技術が日本人の間に吸収され、同化したということがうかがわれよう。

十七世紀初頭の絵唐津の優品が、鶏龍山の絵刷毛目や李朝鉄砂のやきものを彼の地で作っていた陶工によって生み出されたという事情は、日本で最初の仏像が百済からの渡来の仏師によって作られたというのとちょうど同じである。絵唐津は李朝鉄砂によく似ているが、やはり唐津は唐津である。

李朝鉄砂の絵付を彷彿とさせる絵もまま見られるのだが、似ていれば似ているだけにその相違点もはっきりと浮かび上ってくる。余り使いたくない言葉だが、日本的叙情とでも言うのだろうか、「霞をわけて春雨ぞふる」とか「葦の枯葉に風わたるなり」といった歌の言葉が唐津の絵付を見ていると容易に連想されるのである。李朝鉄砂の絵付と言っても様々なものがあるが、最も多いのは抽象文であろう。具体的な植物文様では四君子の蘭や竹、あるいは朝鮮人参の葉のような絵付。人を喰ったユーモアと儒教精神に裏打ちされた文人趣味の混在が李朝鉄砂の身上とすれば、亭々とそびえる松の木やら、水辺にそよぐ葦やら、唐津の場合は眼前の風物に目が注がれている。

十七世紀初頭の唐津の魅力をつづめて言えば、やきものに絵を描くことの初々しい喜び、あらゆる食器をやきもので拵えてみせようではないかという新素材の発見による気分の高揚ということになろうか。絵付の施されたやきものは、それまでの日本にはなかった（美濃の絵志野や織部と唐津のどちらが先かという問題はこの際曖昧にしておこう）し、それまでの日本のやきものはほとんど壺やすり鉢などの台所道具であって、食器といえば木製品か、さもなければ中国からの舶来品の陶磁器と決っていた。

様々な絵唐津の食器の中でも画期的なのが大皿、大鉢の類である。雄渾な松の絵の大皿などは伝世品としては現在美術館などに数点残されているだけだが、窯跡から出土する松の絵の陶片は夥しい量に上り、それが大量生産の食器だということが知られる。松の絵ばかりではない。筆にたっぷりと顔料を含ませ、葦、すすき、菖蒲のような植物を一気に速筆で描き上げる。この絵とも文様ともつかない筆勢の迫力は、先に述べたやきものに絵を描くことの初々しい喜びを伝えて余すところがない。

正倉院に伝わる奈良三彩の盤や須恵器の皿など古代からやきものの皿は作られているけれども、実際に食事に用いる直径三十センチや四十センチを越える大皿が作られたのは唐津をもって嚆矢とすべきだろう。また、李朝鉄砂の大皿というものも私は寡聞にして知らない。最近の発掘調査によれば伊万里市の甕屋《かめや》の谷《たに》窯とか市若屋敷窯というような窯がもっぱら大皿を焼成していた由だが、どのような需要に応じたのだろうか。十六世紀末に中国南方（福建省）あたりから呉州《ごす》の赤絵や染付の大平鉢が大量に渡って来て、その刺激を受けて十七世紀初頭の大量の大皿や大平鉢の生産をみたと、例えば荒川正明氏は指摘する。宴会料理や大勢の人々に食事をふるまうような時に、たしかに大皿は便利な器であるし、尾頭つきの魚を盛れば豪

［右頁］椎の峯窯址の手前にたつ高麗神社の鳥居
［左頁］神社にほど近い林の中に、陶製の墓標が10余りひっそりとたっていた。海を渡ってきた陶工たちが今も眠っているのだろうか

勢でもある。桃山時代の豪勢という気分が段々に下々の者にまで降りて来て、庶民もその豪勢を味わってみたいという欲求が唐津という新興の窯の性格とぴたりと合致した。なるほど大いにあり得る話である。また、いささか時代は下るが、瀬戸の石皿と呼ばれる大皿が宿場の飯屋の煮《に》染皿《しめざら》として活躍したことから類推して、近世の商業都市の発達と共にあちこちの宿《しゅく》で用いられる飲食店の備品としても恰好の器であっただろう。やがて唐津と重なって現れる初期伊万里でも、創業早々に大平鉢を作っている。大平鉢や大皿は、硬質なやきものを産する初期の肥前の自慢の製品だったのである。

唐津が同時期の美濃のやきもの（黄瀬戸、志野、織部等）と異なる点は、美濃が茶道具中心であったのに対し、茶道具も当然作ったけれども雑器類を数多く作ったことだろう。懐石の器にはとても使えない大深鉢や、安直な手塩皿の類、今では雅味溢れる酒器として珍重される片口も元来は台所道具だ。十七世紀初頭の唐津では、同じ作行き同じ作調で、茶道具も食器も台所道具も作られていて、唐津総体としての風通しがよい。斑唐津、無地唐津、絵唐津で算盤玉型、一段肩、李朝丸壺型、塩笥《しおげ》型、等々の高さ十五センチほどの壺があり、これらの壺には大概塗りものなどの蓋が拵えられて付いていて、茶道具の水指《みずさし》として使われているけれども、やはり元来は食物を貯蔵するための台所道具であろう。では、この手の壺に水指として作られたものは皆無なのかと問われれば、やはりすべてが雑器とは言いかねる。それほどに雅と俗の境がない。

伝承では有田の泉山で李参平（日本名、金ヶ江三兵衛）が元和二年（一六一六）に陶石を見出し、日本で最初の磁器、すなわち伊万里が焼かれたという。伊万里の染付が世に現れると直に食器の主流は唐津から伊万里に移るわけだが、伊万里を焼いた人々は唐津を焼いていた人々であり、有田町周辺の窯のいくつかでは、しばらくは同時に同じ窯で伊万里も唐津も焼いていたらしい。非常に数は少ないだろうが、伊万里と唐津のハーフ・アンド・ハーフの如き小碗を私自身見たことがある。以後は肥前のやきものの主流から唐津は消えてゆくかの如く（二彩唐津や三島手の唐津として実際は新生唐津として生き延びる）だが、いつの時代にも保守派はいるもので、絶えてなくなるわけではない。しかし、いわゆる唐津らしい唐津が市場を独占して輝いていた期間は案外に短かったと言わざるを得ない。十七世紀の初頭の二十年と言ったら、言いすぎだろうか。魅力的な唐津のほとんどは一世の渡来人の手によって作られたということになるだろう。

唐津のみに限らず陶芸全般に言えることだが、ある時期にある地域に生産された品物がすべて美しいとは限らない。むしろ美しいものの方が少ないかもしれない。陶工達は、物を作ることに

筆者の陶片コレクションより
長25・7cm（右）　撮影＝筒口直弘

精一杯であって、そのものの価値とか意味とかを考える余裕はなかったであろう。価値や意味を見出すのは別の人である。唐津の場合なら、当時の茶人である。陶工と茶人とを媒介する存在として陶商のような人々を考えようというむきも最近はあるようだが、陶芸を当時の美術史の中でとらえようとする場合には、有効な着目だと思う。多くの中から一個をとり上げて「これこそ唐津」と人々に指し示す人は、いずれにせよ生産地の陶工ではないのである。

　美術館などで、味のついた伝世の名品を眺めるのとは違って、こんなものも作っていたのか、こんな可能性もあったのかと、言わば生産の現場へ連れ戻してくれるのが発掘品である。ことに唐津の場合には、厖大な量の陶片が出土している。甕屋の谷などの窯から出土した数多くの松の絵の陶片を眺めていると、松の図をどのようにパターン化するか、遮二無二描きまくった陶工が思い浮かぶし、間然する所のない絵付の皿はなかなかないものだという感も催すのである。ほんのり枇杷色に焼き上がった肌、高台脇のかいらぎ釉の魅力も求めるとなると、これはほとんど天恵を待つに等しい。

　陶片はフラグメントの魅力だと言ったのはフランス文学者の青柳瑞穂氏だが、やきもののフラグメントの魅力は唐津に極まると私は思う。まさに唐津のどの部分を打ち眺めるか、一つの陶片を選ぶことは、大袈裟に言えば茶人が一個の茶碗を選ぶことと本質的な違いはない。唐津はあと一歩で磁器になる陶器である。その硬く締った器が高い音をたてて割れる。のぞいた割れ口の潔さ、偶然に切り取られた絵唐津の構図をどう見るか、これは鑑賞者にゆだねられた贅沢である。陶片を愛好する唐津好きは、自らの目の奥で小さな切片を育て、自分の領する唐津を夢想するのであろう。

唐津湾に沈む夕日

第四章 知られざる唐津

眼にあざやかな緑釉、アクションペインティングのような刷毛さばき……桃山の古唐津とはまったく作風のことなる江戸期の二彩唐津や三島唐津。その明朗壮快な諸作をご覧下さい。

《緑釉刻花牡丹唐草文瓶》江戸時代（1650〜90年頃）高36・8cm

《緑褐釉櫛目文大平鉢》
江戸時代（1650〜90年頃）　径48.3cm

《鉄絵緑彩花唐草文大平鉢》
江戸時代（１６３０〜５０年頃）
径46・７cm

《鉄絵緑彩松樹文甕》
江戸時代（1650〜90年頃）　高36.3cm

《鉄絵緑彩富士山文大平鉢》
江戸時代(1690〜1710年頃)　径55.3cm

《白泥鉄絵緑彩松樹鶴文甕》
江戸時代（1650〜90年頃）
高27・8cm

《打ち刷毛目花文大平鉢》
江戸時代（1650〜90年頃）　径47.3cm

《打ち刷毛目文水指》
江戸時代（1650～90年頃）　高19.0cm

《褐彩櫛目文平鉢》
江戸時代（1650〜90年頃）　径28.6cm

異彩のやきもの

もうひとつの唐津ヒストリー

解説 西田宏子［根津美術館学芸部長］

Q 色鮮やかで、ずいぶんとダイナミックな意匠ですね。しかも直径が50センチほどもある大ぶりな皿鉢が目立ちます。やきものの展観でもあまりお目にかからないものばかりですが、これも唐津なのですか？

西田 ふつう唐津といえば、桃山時代の渋い彩色の茶陶や、素朴な文様の大皿をイメージするかもしれません。ここに集められた作品［96〜105頁］は、そうしたいわゆる古唐津とは違うもので、もう少し時代の下った17世紀はじめ頃から、肥前の武雄地域で生産された唐津なのです。ですから人によっては唐津とは認めなかったり、似通った作風をもつ福岡の二川《ふたがわ》焼と混同したりと、これまであまりまっとうに扱われてきませんでした。特に骨董の世界では、下手《げて》ものの民芸品とみなされてきたのです。

Q でも、素直な眼でみると、おもしろい。どうして評価が低かったのでしょう？

西田 こうしたやきものは、江戸時代初期に大量に生産され、その後も全国各地で使われていたため、明治時代の人々の眼にはじつにありふれたものでした。それに加えて、民芸運動の創始者、柳宗悦が昭和初期にこれを再評価したことが、結果的には災いとなってしまったのです。

Q というのは？

西田 柳は江戸時代の唐津の造形を、〈過去のものだからと云って棄てるにしては余りに美しい〉〈茶趣味に堕したもので日本の焼物を語るより、こんな雑器で日本を語る方が、気持ちが明るい〉と絶賛しました。しかしそのことによって、逆に「民芸品」というイメージが強くなってしまい、17世紀から焼かれていた古陶とは誰も思わなくなってしまったのです。17世紀といえば、伊万里の柿右衛門様式のような繊細な文様や、京焼の野々村仁清のように小さな画面にきっちり描き込む絵付が主流で、こんな大胆な文様はあり得ない、という思い込みもあったのではないでしょうか。こうして江戸時代の唐津は、明治期か、せいぜい幕末につくられた雑器だろうとみくびられ、忘れられてしまうのです。

Q 近代になってこの手の唐津をはじめて評価したのは柳だったけれど、実像を隠してしまったのも柳……。なんとも皮肉ですね。

西田 それでも1960年代末頃からは、江戸時代の唐津にも一定の評価がなされるようになります。特に近年、全国各地の発掘調査で江戸時代の唐津が大量に出土し、想像以上に流通していたことが明

江戸期唐津の窯焚きの様子を描いた図　《肥前国産物図考》より
安永2〜天明4年（1773〜84）　佐賀県立博物館

らかになってきました。そこで平成14年に佐賀県武雄市在住の陶芸家、中島宏さんのコレクションをお借りして、江戸時代の唐津を「知られざる唐津」として紹介する展覧会を行なったわけです。これまでにも江戸期の知られざる唐津が出品された展覧会は何度かありましたが、あくまで古唐津の脇役でした。あんなふうに主役に据えた展観はおそらく初めての試みだったのではないでしょうか。

Q　非常に斬新な企画展だったと思います。ところで、その江戸時代の唐津は、いつ、どこでつくられるようになったのですか？

西田　武雄市南部の窯場で、1630年代頃から製作が始まったと考えられます。窯場は時代によって変遷していきますが、武雄市、嬉野町、塩田町にまたがる地域を中心に、40ヶ所ほどの窯場で生産され、1650〜70年代に最盛期を迎えました。

Q　桃山時代の古唐津とは色も絵柄もずいぶんと違います。なぜこんなに変わったのでしょう？

西田　いわゆる古唐津が焼かれていたのは、1620年代ぐらいまでで、その後、唐津焼は変質していきます。というのも、1610年代から有田で磁器の生産が始まって、白いやきものに人気が集まり、古唐津のように地味な色の陶器は売れなくなってしまいます。そこで、磁器に対抗するために、武雄市南部の窯では、今までにない鮮やかな色彩や大胆な意匠を特徴としたやきものをつくりはじめた。いわば人気挽回のための新商品。それが江戸期の唐津だったのです。

江戸時代の唐津の特徴のひとつ、透明感のある緑釉は、当時輸入されていた中国華南地方のやきものの影響が大きい
《三彩刻花花文輪花盤》　明時代　径35cm

Q　白いやきものが人気ならば、なぜ磁器をつくらなかったのですか？

西田　当時、磁器をつくるのに必要な陶石は、有田の泉山でしか採れませんでした。そこで有田周辺以外の窯場では、陶器に白土を塗って白っぽいやきものをつくったのです。

　おもしろいことに、陶石が得られないための苦肉の策だったはずの白化粧は、伊万里の磁器でも時折用いられています。陶胎染付といって、磁器を生産する窯であえて白磁にせずに、白化粧した陶器を焼いたものです。ツルツルの白磁だけではちょっと物足りなくて、陶器のあたたかい質感を残しながら白いやきものを、という要望があったのかもしれません。

Q　ただ白く化粧しているだけではなくて、絵柄や釉色も眼を惹きますね。

西田　やはり白さだけでは白磁にかなわなかったのでしょう。緑釉で松や唐草を描き、白化粧の刷毛目や櫛目を工夫するなど、デザインを売りものにしていました。白化粧の上から鮮やかな緑色の釉薬を全体に掛けた瓶［96頁］や壺もつくられました。この透明感のある緑釉は、古唐津にも伊万里にもない、江戸時代の唐津の大きな特徴になっています。

Q　なぜ緑色だったのでしょう？

西田　中国の華南地方（福建省、広東省）のやきもの［右頁］の影響が大きいと思います。当時の日本には、景徳鎮産の磁器とともに、緑や黄色の釉薬を使った華南のやきものもかなり輸入されていました。焼成方法は違いますが、華南とまったく同じデザインの壺が唐津で焼かれています。ですから緑釉の技術も、中国から渡ってきた陶工が伝えたのではないでしょうか。

Q　朝鮮ではなく中国ですか。

西田　ええ。というのもその頃、朝鮮の陶工は緑釉の技術は持っていなかった。それに中国人は西洋人と違って、当時は比較的自由に日本に入れたといいます。華南地方の陶工たちが、やきものと一緒に海を渡って日本に来ていた可能性は大いにあるでしょうね。

Q　櫛目や刷毛目もおもしろいですね。

西田　櫛目というのは、器表に塗った白土を、櫛の目に削った道具で掻き落とす技法ですが、その柄がなんともモダンなのです。うずらの羽毛に似ていることから「うずら手」と呼ばれる皿［105頁］は、うねうねした曲線を見つめていると、心理テストを受けているような気分になります。独特の手法である「打ち刷毛目」［103頁／104頁］も、大胆ですね。白土を筆や刷毛に含ませて、器の表面にパシパシと打ち付けてゆくのですが、薄い花びらを手際よく貼り並べたような、繊細かつスピード感溢れる文様が生まれています。

Q　江戸時代の唐津のなかで人気の高かったタイプはどれですか？

西田　なんといっても、松を描いた大甕［99頁］ですね。これは江戸末期まで作られつづけた長寿商品です。他には三島手と呼ばれる地味なやきものの人気が意外に根強く、逆に鮮やかな緑色の瓶［96頁］や、二色の掛け分けの大皿［112頁左］といった、個性の強い派手なものは、比較的短い期間しか生産されませんでした。

Q　確かに松の甕や鉢には、他にも色々なヴァリエーションがあって、人気商品だったことがうかがえます。

西田　どうして松なのかはわかりませんが、緑と茶の二彩で一本松を描くという基本はほぼ同じ。どことなく能舞台の鏡板に描かれる「影向《ようごう》の松」に似ています。なんだかグニャっと形が崩れていておもしろいのですが、それでいてじつに力強い。

Q　古唐津や伊万里の松とはどう違うのでしょうか？

西田　古唐津の松は、もっと素朴で飄々としたデザイン［110頁］です。初期伊万里では、松の葉を丸っこいかたちにまとめています［111頁左］。これは中国の絵画などに出てくる松なんですね。二彩唐津の大甕のように大胆な松は、他のどの地域のやきものにもないオリジナリティーがあります。絵に力があってインパクトも強く、かなり腕のある職人が手がけたのではないでしょうか。時代は江戸期ですが、桃山文化の豪放さを受け継いでいるような気がします。

Q オリジナリティーという点では、釉薬を流し掛けるタイプも斬新ですね。

西田 これはまさに唐津のオリジナルと言えるでしょう。特に二色の釉薬を掛け分けて、真ん中の部分は釉薬を掛けずに残すタイプ［112頁左］は出色で、まるで現代美術のアクションペインティングのよう。両方向からほとばしる二色の釉薬は、うねうねとした白い刷毛目文様と相まって、多彩な表情を生み出しています。

釉薬の流れを意図的に演出する技法は桃山時代にはじまり、朝鮮唐津のような、二色の釉薬を柄杓掛けした前衛的な意匠もすでに登場していました［112頁右］。その後も釉薬を流す技法は各地で用いられて、野々村仁清が取り入れるなど［113頁右］、日本のやきものの意匠の中に脈々と受け継がれていきます。しかしその多くは、唐物茶入などの景色を研究し、釉薬の流れを周到に計算してデザインしたものであって、この二彩唐津のように、偶然性やスピード感そのものを楽しむ自由奔放さはありません。こういったおもしろさは、昭和の初期になって柳宗悦ら民芸グループによって再発見され、浜田庄司の作品［113頁左］などに大きな影響を与えました。

Q 皿も甕も大きいものばかりですが、どんな用途で使われていたのでしょう？

西田 江戸時代の唐津は大ぶりの皿鉢や壺甕ばかりで、個人用の食器、茶陶の類はほとんどありません。大名屋敷跡から発掘された器の場合、家臣クラスの食事をまとめて振舞うために使われたと考えられています。大名自身が使う中国磁器や古九谷、伊万里などの最高級品に比べるとランクが一段低く、宴会にも使ったのでしょうが、ハレの場というよりは、むしろ日常的に使われていたようです。江戸の上屋敷には、陳情に来る人やその家臣など、だれかれとなくひっきりなしに客人が出入りしていました。そうした客ひとりひとりに料理の盛り付けをしていては大変ですから、漬物は漬物、魚は魚だけで大皿に盛り付けて、各自がそれを取って食べていた。こうした需要に応えて、全国各地で唐津の大皿が使われていたのです。

Q 江戸時代には「知られざる」ではなく「よく知られた」唐津だったのですね。

西田 そうなんです。北は北海道から南

肥前のやきもの松の文様くらべ

単純な筆はこびで、やや抽象的に描かれた古唐津の松
《絵唐津松文大皿》 桃山時代 径36.3cm 出光美術館

伊万里や鍋島といった肥前磁器は、中国画の表現に似せて、松葉を丸い塊で描いている
《染付松竹梅文大壺》 江戸時代 高48cm
根津美術館

二彩唐津の大甕には、能舞台の鏡板に描かれているような、堂々とした一本松が好まれた
《鉄絵緑彩松樹文甕》 江戸時代（1650〜90年頃）
高35.3cm

は沖縄まで全国各地に流通していました。庶民が使うやきものは美濃や瀬戸のものが圧倒的になっていましたし、超高級食器は伊万里にかなわなかったので、唐津はその中間の、そこそこの高級路線を狙ったわけですね。ですから武家や公家の屋敷跡から大量に出土してくるのです。しかもこの大ぶりの皿鉢は、東南アジアにまで輸出されていたんですよ。

Q　えっ？　海外にも輸出されていたのですか！

西田　17世紀半ばから18世紀にかけて、有田の磁器が伊万里港から出島に運ばれ、オランダ船で輸出されたことは有名ですが、ほぼ同時期に唐津も輸出されていたことは、あまり知られていません。というのも、江戸期の唐津は塩田川を下って有明海に出て、そこから全国各地に運ばれました。海外へは国内外の港をいくつも経由して中国船で運ばれたようで、伊万里のように正式な運搬記録が残っていないのです。しかし、タイやインドネシア、ベトナムなど東南アジアから、二彩や緑釉の唐津がかなり大量に出土しています。

Q　中国やヨーロッパからも出土しますか？

西田　見つかっていません。おそらくはもっぱら東南アジアで買われたのでしょう。例えばジャワ島の西端にあるバンテンという都市国家は、17世紀に陶磁貿易で栄え、世界中のありとあらゆるやきものが集まっていました。そこにあった離宮の発掘調査でも、伊万里と並んで江戸時代の唐津が出土しています。調査はまだまだこれからですが、東南アジアの他の地域でも出土していて、タイのアユタヤあたりまでは流通していたと考えられています。当時、海外に輸出されたやきものといえば、基本的には伊万里と唐津だけでした。江戸時代の唐津は、それほどの売れ筋製品だったわけです。

Q　外国人にはどういった評価を受けて買われていったのでしょう?

西田　赤や金など派手な色彩の伊万里焼だけでなく、ちょっと毛色の違った緑や茶色のやきものも買っておこう、という意識だったのかもしれません。見た目のデザインのインパクトが強いですからね。特に緑釉の器は東南アジアで好まれたのだと思います。同じような色をした華南のやきものも多数出土していますから。それに、唐津は華南に比べて高い温度で焼かれているので、かなり丈夫。実用性からみれば、華南より唐津の方が優秀だったのです。例えば二色の掛け分けタイプの場合、釉薬が掛かってない真ん中の部分は、本来ならば白土がボロボロと剝がれやすいはずなのです。ところがかなり使い込まれているにもかかわらず、全く剝がれていませんし、展覧会の準備の際も、ゴシゴシと磨いて汚れを落としてもビクともしませんでした。どうやったらこんなに強い白化粧になるのか、ほんとうに驚きですよ。

Q　そんなに売れていた唐津が、なぜ幕末には衰退していったのですか?

西田　またしても伊万里に負けたのです。というのも17世紀中頃までは、磁器の大皿はまだまだ高価だったため、安価な唐津の皿鉢が市場を制していました。しかし17世紀も終わり頃には磁器の製造技術が向上して、大皿でも比較的安く出回るようになり、陶器にとって代わります。そして伊万里の完全な一人勝ちになってしまうわけです。窯場は徐々に減少して、松文の甕のような定番商品だけが細々と作られ続けました。武雄市弓野など、一部の窯はかろうじて残っていきますが、それも明治後半、中島宏さんのおじいさんの代には途絶えてしまいました。

Q　そして江戸の唐津は忘

釉流しの系譜

釉薬の流れを意図的に演出する技法は桃山時代にはじまった
《朝鮮唐津壺(水指)》
桃山時代　高24cm　出光美術館

両端から掛け分けた二色の釉薬が鉢の中でせめぎあい、複雑多彩な表情をみせる
《緑褐釉櫛目文大平鉢》
江戸時代(1650〜90年頃)　径52.3cm

れ去られた。

西田　そう。ただし松文の甕などは江戸時代をつうじて流通していたので、今でも想像以上に残っているようです。「知られざる唐津」展のときは、「うちにも同じ絵柄のものがあって、玄関の傘立てにしています」とか、「中で金魚を飼っています」というお客さんがいらっしゃいました。江戸時代から家にあったわけではなく、おそらくお父さんやおじいさんが古道具屋で目についたので買ってきて、以後なんとなく家に残っていたのでしょう。かつてはそれほどありふれていた、ということです。

また、見た目が面白いので、明治初期に外国人に買われて海外の美術館に入っているものも結構あります。この手ものは製作年代など誰も研究していないので、19世紀とか20世紀の作とされているといいます。しかし実際は200年も早い時期のものかもしれない。展覧会の図録を見て、海外の学芸員から、年代を再考証したいという照会が来ています。

Q　年代はおよそ推定できるのですか？

西田　絵の巧拙や土、それから高台の作行などによって、ある程度は前後関係を推測することができます。しかしまだ研究は始まったばかりの段階で、史料が不足しています。それに正直言いまして、根津美術館でこの手の唐津ばかりを集めて展示することに対しても、当初は「民藝館じゃないのに……」といった声もありました。ところがフタをあけてみれば、その造形のおもしろさに皆さん感心して下さいました。ですから根津美術館の展覧会を機に、あまり脚光を浴びなかった江戸期の唐津がまっとうに評価されることになればと思いましたし、いずれは海外でも紹介されることを願っています。

近代以降は、昭和初期になって柳宗悦ら民芸グループが釉流しのおもしろさを再発見した
浜田庄司《白釉黒流描大鉢》　撮影＝松藤庄平

江戸初期、繊細な色絵で知られる京焼の野々村仁清も、華やかな色調をつかって釉流しに挑戦している
野々村仁清《色絵鉄線文茶碗》
江戸時代初期　高8.5cm　根津美術館

第五章 古陶のふるさとへ 唐津紀行

鏡山の頂から、暮色に染まる唐津市内をみる　万葉集に詠われた佐用姫の伝説により、領巾振山(ひれふりやま)とも呼ばれる　標高284メートル　山頂まで5キロの曲りくねった道のりは絶好のドライブコースで、晴れた日には壱岐の島影もみえる　右の海岸線は虹の松原

夜おそく、雨の港町にたどりついた。

400年前、古唐津が松浦川をくだって運ばれたルートに沿うかのように、有田町、伊万里市、北波多村と北上してきた窯址めぐりの短い旅も、ここ唐津でおわる。人口8万ほどの小さな市。博多までは車で1時間、泊まるにしては大都会に近く、温泉場はなくて、夜の繁華街もなんだか寂しそう。観光地としてはちょっと地味かな……。

そんなことを思っていたら、翌日はすっかり雨もあがり、唐津は前夜とは別の町にみえた。この港町は、晴れた日に、高いところから見おろすと、とてもいいかんじなのだ。たとえば鏡山から眺める夕景［114〜115頁］。右手の唐津湾にゆったりと波が打ち寄せ、左手からは松浦川が悠々と流れくだり、やがて海と川はひとつになる。

この地の歴史は古い。太古から人が住みつき、大陸との往来もさかんで、縄文期の遺跡から炭化米が発掘されたため日本稲作の発祥地ともいわれる。『魏志倭人伝』にある末盧《まつら》国とはここ松浦周辺を指し、14世紀半ばには唐津という地名が文献にみえる。だがこの一帯は長らく岸岳城［34〜35頁］を拠点とする松浦党波多氏の支配下にあり、唐津が今のような城下町となったのは、豊臣秀吉の朝鮮出兵がきっかけであった。まずはその前線基地、名護屋城跡［118〜119頁］を訪ねることにした。

途中、呼子という小さな漁港に寄る。人気の店だという「河太郎」でイカづくしの昼食。生け簀から引き上げられたばかりの刺身は、心太《ところてん》のように透きとおっ

呼子の二大名物はイカと朝市（下左）　毎朝「朝市通り」と呼ばれる商店街では、水揚げされたばかりの魚介類や季節の野菜や果物などが売られている　下右は生け簀から引き上げられた活きのいいイカの刺身を食べることができる「河太郎」店内

唐津から北西に車で30分
呼子は小さな港町だが、
名物のイカをお目当てに、
近県からも人が押し寄せる

呼子 yobuko

ていた。口にふくむとほんのり甘い。箸がすすむ。が、ペロリと平らげるには量がどうも、と気にしていたら名物のイカシュウマイが運ばれてきた。いや、これもいける。はふはふと頬張る。そこにゲソの天ぷらが山盛りでとどめを刺しにきた。いくら美味しくても、もうダメ。呼子での昼食は心して空腹でのぞむべし。

店を出て、ほどなく名護屋城跡に着く。東松浦半島の突端にあり、かつては大坂城に次ぐ規模を誇ったが、いまは壮大な石垣だけが残り、ところどころ崩れている。ヘタに修繕しすぎてはいない。放置に風情がある。天守台跡［44〜45頁］からは玄界灘に浮かぶ島々が見える。あの海の向こうから、陶工達はやってきた。ちょっとしみじみした気分を味わって、市内に戻った。

豊臣秀吉は朝鮮出兵にあたり、大坂城に次ぐ規模を誇る名護屋城をわずか5ヶ月で築かせた　一時は城下に十数万人が住んだというこの前線基地も、今は静かなデートスポットだ

朝、唐津城の門をくぐり、海沿いの
松林から唐津湾をのぞきみる

唐津城へ。文禄の役ののち、波多氏に代わって唐津の領主となった寺沢広高がこの城を築いたのは、慶長13年（1608）のこと。名護屋城の普請奉行だった寺沢広高は、同城の解体資材を活用すると同時に、堅牢な城にするため周辺地形の大改修工事を行なう。たとえば城の東側。現在松浦川の河口があるが、当時は陸続きで、東の浜と砂州で繋がっていた。これを分断し、さらに城の西側にもお濠をめぐらすことで、水の要塞を築き上げた。

　お濠の周囲は今も落ちついた雰囲気で、とりわけ北城内と呼ばれる一帯は、石塀と生垣が端正なたたずまいをみせる。その一画、約2300坪の敷地に、石炭王・高取伊好《これよし》の旧邸が建っている。一時は取り壊しの危機に瀕していたが、有志による熱心な保存運動が実をむすび、1998年に国の重文に指定された。修復補強工事が進んでいる。建築史家の藤森照信教授も一目みていたく感奮したとい

う建物である。2005年予定の公開が楽しみ。近くには青木繁を10点余り所蔵する河村美術館もある。

せっかく唐津に来たのだから、やはりやきものもみておきたい。古唐津の優品をみるなら、中里太郎右衛門陶房か、唐津城内の展示室で。現代のうつわを買うなら、「ふるさと会館アルピノ」へ。この2階は展示即売場で、気に入った窯元を見学したければ連絡先も教えてくれる。

ばたばたと歩きまわって日が暮れる。鏡山からの夕景をたのしんで、洋々閣に戻った。石炭景気に沸く明治26年に創業したという老舗旅館である。部屋はすこぶる快適だ。仲居さんも親切だが媚びない。夕餉。中里隆のうつわに盛りつけられて、酒肴が運ばれてくる。いけます。好奇心旺盛な女将さんと深夜まで話がはずんだ。

翌朝、少し早起きして、ふたたび唐津城に登った。冷たく澄んだ空の下、海はおだやか。陽光眩しい東の方角を見れば、弧を描く海岸線に沿って、かの景勝、虹の松原がつづく。松浦川は今日もゆったりと流れている。お城の手前で鉤の手に折れ曲がり、唐津湾へと注ぎ込む。朝陽を浴びた川面がキラキラ眩しい。[編]

洋々閣は創業111年　司馬遼太郎など多くの著名人が訪れている老舗旅館である　松の生い茂る庭(下右)や玄関のたたずまい(下中)が歴史を感じさせる　食事はとれとれの海の幸などが中里隆のうつわに盛られて出てくる(下左)

唐津市とその周辺ガイド

唐津《karatsu》

佐賀県西北部・東松浦半島の付け根に位置する。「唐（大陸や朝鮮）へ渡る津（港）」の名がしめすように、その歴史は大陸や朝鮮半島との交流抜きには語れない。市内には、日本最古の稲作遺跡や、高麗時代の仏画・仏像、日本のやきものを変えた唐津焼の技術等々、随所にその痕跡が残る。一方で、文禄2年（1593）波多氏に代わってこの地の領主となった寺沢広高が城下町を開いていらい今日まで戦災や大火にあわなかったため、武家屋敷や商人町の面影を残している。毎年11月2～4日に行なわれる唐津くんちは400年以上前から続くお祭りで、50万もの人々で賑わう。

［唐津へのアプローチ］

◉鉄道利用の場合

❶博多駅⬇福岡市営地下鉄空港線・JR筑肥線直通電車を利用して1時間20分、唐津駅下車。

❷佐賀駅⬇JR唐津線で1時間10分、唐津駅下車。

◉バス利用の場合

博多駅交通センター⬇昭和バスからつ号（唐津行き）で1時間20分、唐津大手口下車。

◉車利用の場合

長崎自動車道多久ICから国道203号線で約30km。福岡市内から国道202号線・福岡前原道路・二丈浜玉有料道路経由で約45km。

［問合せ先］

唐津市観光課☎0955・72・9127

ホームページ http://www.city.karatsu.saga.jp/

唐津観光協会☎0955・74・3355

唐津駅観光案内所☎0955・72・4963

◆唐津《からつ》くんち

唐津神社の秋季例大祭。16世紀に始まったといわれ、現在のような豪華な曳山が登場したのは文政2年（1819）。市内刀町の木彫家が京都で見た山鉾巡行をヒントに、赤獅子をつくり奉納したのがはじまりと言われる。以来、明治9年（1876）までの57年間に町ごとに曳山が作られ、現在では14台が現存する。何百枚もの和紙を重ねて漆を塗ってつくった高さ約7mの曳山が、「エンヤ、エンヤ」「オイサ、オイサ」のかけ声とともに笛や太鼓のお囃子に合わせて町中を駆けめぐるさまは壮観。国の重要無形民俗文化財指定。

⬇毎年11月2日夜～4日　唐津神社周辺と唐津市街地

唐津くんちでは曳山が町を練りあるく

見る

◆曳山展示場《ひきやまてんじじょう》（唐津市西城内）

祭りの期間以外、曳山は14台ともここに展示してある。祭りを記録したビデオコーナーも楽しめる。

⬇JR唐津駅から徒歩10分。☎0955・73・4361　入館300円　9～17時　年末休

◆唐津市《からつし》ふるさと会館《かいかん》アルピノ（唐津市新興町）

唐津の総合情報館。1階は唐津・東松浦のおみやげ品コーナー、2階は唐津焼総合展示場になっているので、窯元をまわる参考にするとよい。ここで絵付け体験もできる。3階はお食事処。

⬇JR唐津駅から徒歩1分。☎0955・75・5155　無料　9～20時（2階唐津焼総合展示場は18時まで、3階お食事処は11～21時）無休

◆唐津城《からつじょう》（唐津市東城内）

初代藩主・寺沢広高が慶長7年（1602）から7年の歳月をかけて築いた城。現在の天守閣は昭和41年に建てられたもの。内部は郷土博物館になっており、唐津焼や岸岳城跡から見つかったキリシタン史料、刀剣などを展示。古舘九一（66～71頁）が収集した古唐津陶片は3階展示室で。最上階からの展望がすばらしい。

⬇JR唐津駅から徒歩20分。又は100円バス東コースで11分、唐津城入口下車、徒歩5分。☎0955・72・5697　天守閣入館400円　9～17時　年末休

◆唐津市《からつし》西ノ門館《にしのもんやかた》（唐津市北城内）

唐津市内から出土した古唐津の陶片など貴重な文化財を展示。若手作家による唐津焼の展示即売も行なっている。

⬇JR唐津駅から徒歩15分。☎0955・75・3667　入館無料　9～17時　水曜休（祝日の場合は翌日）

◆河村美術館《かわむらびじゅつかん》（唐津市北城内）

小磯良平や岸田劉生、青木繁の作品などを展示する財団法人美術館。現在は土日祝日のみ開館している。

⬇JR唐津駅から徒歩10分。☎0955・73・2868　入館500円　10～

市のシンボル唐津城　天守を鶴の頭に見立て、東西に弧を描いて延びる砂浜が翼の形に似ていることから「舞鶴城」とも呼ばれる

17時（入館は16時30分まで）　平日休（土日祝日のみ開館）

◆旧唐津銀行本店《きゅうからつぎんこうほんてん》（唐津市本町）

明治45年（1912）の建築物。東京駅設計者・辰野金吾（唐津出身）の弟子・田中実が設計を手がけた。2004年4月、建物内部に観光案内所がオープンする予定。

⬇JR唐津駅から徒歩5分。問合せは唐津市観光課へ。

◆近松寺《きんしょうじ》（唐津市西寺町）

旧藩主・小笠原家の菩提寺。正面の山門は名護屋城の一の門を移築したもの。浄瑠璃作者・近松門左衛門が幼少の頃この寺で学んだことから、遺髪塚が残る。境内に建つ小笠原記念館には、唐津藩の古文書などが展示されている。

⬇JR唐津駅から徒歩7分。☎0955・72・3597　境内自由　小笠原記念館は入館無料　9～17時、月曜休（祝日の場合は翌日）。

◆末盧館《まつろかん》（唐津市菜畑）

「末盧」とは、魏志倭人伝にある唐津・東松浦地方のクニの名前。館内ではその時代の遺物や資料のほか、日本最古の稲作遺跡・菜畑遺跡から出土した炭化米や石包丁、家畜として飼育されていた豚の骨など貴重な遺物を展示。

⬇JR唐津駅から徒歩10分。☎0955・73・3673　入館200円　9～17時　月曜休（祝日の場合は翌日）

◆虹の松原《にじのまつばら》（唐津市東唐津、浜玉町）

唐津湾沿いにおよそ5kmに渡って続く松原。慶長のころ、唐津藩初代藩主・寺沢広高が防風防潮のために黒松を植林させたものと伝えられる。日本三大松原のひとつで国の特別名勝。

⬇JR虹ノ松原駅から徒歩すぐ。問合せは唐津市観光課へ。

◆恵日寺《えにちじ》（唐津市鏡）

朝鮮へ出兵した大伴狭手彦との別れを嘆き悲しむあまり石になってしまった松浦佐用姫伝説ゆかりの寺。秘仏とされる本尊の観音像は、大伴狭手彦が佐用姫供養のため朝鮮半島から持ち帰ったものと伝えられる。寺にある朝鮮鐘は国の重要文化財に指定されている。

⬇JR虹ノ松原駅から徒歩15分。☎0955・77・0805　境内自由

◆鏡山《かがみやま》（唐津市鏡、浜玉町）

虹の松原の後方にそびえる標高284mの山。山の名前は、神功皇后が三韓遠征の際、頂上で宝鏡を捧げて戦勝を祈願したことに由来。また佐用姫がこの山の頂上から大伴狭手彦に領巾（ひれ）を振り名残りを惜しんだことから、別名「領巾振山」とも言われる。展望台からは虹の松原はもちろん晴れた日

0
5km
N
夏かあちゃん
加部島
中展望塔
戸岬
呼子町
田島神社
風の見える丘公園
呼子大橋
呼子港
呼子フェリー発着所
土器崎
七ツ釜
河太郎
名護屋城跡
呼子朝市
佐賀県立名護屋城博物館
名護屋大橋
松浦漬本舗松簾
神集島
道の駅桃山天下市
鎮西町
相賀崎
東松浦半島
玄海国定公園
唐津港
宝当神社
唐津湾
大島
高島
鹿家
二丈浜玉道路
二丈町
福岡県
伊藤けえらん
仮屋湾
唐津市
西唐津
唐津市役所
唐津城
高島航路
虹の松原
玄海町
小次郎窯
衣干山
松浦橋
和多田
東唐津
虹ノ松原
筑肥線
浜崎
飴源
七山村
隆太窯
唐津
唐津GC
唐津大橋
マリンセンターおさかな村
恵日寺
鏡山
唐津線
鬼塚
鏡神社
浜玉町
肥前町
松浦川
古代の森会館
佐賀県
山本
浜玉町
北波多村
相知町
山瀬窯
福島町
伊万里市
厳木町
凡例
新幹線
JR
私鉄
地下鉄
バス路線
玄界灘
中洲川端
天神
博多
篠栗線
姪浜
西鉄福岡
福岡空港
筑肥線
太宰府
博多南
西鉄二日市
フェリー発着所
原田
筑豊本線
呼子
波戸岬
西唐津
鳥栖
唐津
長崎本線
久留米
山本
唐津線
佐賀
久大本線
たびら平戸口
伊万里
佐世保線
久保田
佐賀空港
肥前山口
松浦鉄道
武雄温泉
有田
西鉄柳川
大牟田
平戸
平戸島
肥前鹿島
佐世保
早岐
嬉野温泉
有明海
熊本
豊肥本線

唐津市街地
西浜町
西の浜松原（西の浜）海水浴場
南富士見町
富士見町
西旗町
大成小
唐津湾
江川町
北城内
旧高取家住宅
水野旅館
舞鶴公園
高島航路
朝日町
西ノ門館
河村美術館
唐津城
東城内
唐津東高
志道小
虹の松原（東の浜）海水浴場
坊主町
唐津神社
曳山展示場
南城内
大名小路
海上タクシー
東唐津
千代田橋
保健所
市民会館
城内橋
新舞鶴橋
洋々閣
山下町
近松寺
（小笠原記念館）
西城内
町田川
千代田町
宝当桟橋
（高島渡船場）
唐津市役所
裁判所
近松門左衛門遺髪塚
中央青果市場
桜馬場
菓子舗池田屋
大原老舗
中央橋
旧唐津銀行本店
東唐津朝市
東唐津小
西寺町
刀町
新大橋
唐津シーサイドホテル
本町
栄町
八百屋町
米屋町
呉服町
木綿町
弓鷹町
新町
開花堂
松浦川
唐津線
平野町
中町
つく田
魚屋町
材木町
川島豆腐店
紺屋町
京町
海幸
熊原町
唐津駅
高砂町
唐津市ふるさと会館アルピノ
大石町
天満宮
近代図書館
新興町
松浦橋
長松小
聖持院
来迎寺
水主町
西新興町児童公園
法蓮寺
船宮町
養福寺
教安寺
天満宮
中里太郎右衛門陶房
浄泰寺
大雲寺
十人町
唐津市
N
龍源寺
大石神社
東町
外町小
第一中
和多田海士町
町田
唐津商高
元石町
第五中
和多田用尺
0
300m

には壱岐まで見晴すことができる。

↓JR東唐津駅から頂上まで車で15分。問合せは唐津市観光課へ。

◆鏡神社《かがみじんじゃ》（唐津市鏡）
神功皇后が鏡山での戦勝祈願に用いた宝鏡を納めるため祠をつくったのが始まりとされ、古来、朝廷や歴代唐津藩主に崇敬されてきた。社宝の《楊柳観音像》は14世紀に奉納された縦約4mもの高麗仏画。国の重要文化財に指定されており、現在は佐賀県立博物館寄託となっている。

↓JR東唐津駅から車で5分。☎0955・77・3151　境内自由

◆古代《こだい》の森会館《もりかいかん》（唐津市鏡）
鏡神社の一角にあり、唐津市や東松浦郡内の主要な遺跡から出土した貴重な遺物を展示している。

↓JR東唐津駅から車で5分。☎0955・77・0510　9〜17時（入館は16時40分まで）　入館100円　月曜休（祝日の場合は翌日）

◆宝当神社《ほうとうじんじゃ》（唐津市高島）
唐津湾に浮かぶ高島にある。ここにお参りすると「宝」くじが「当」たる御利益があるとの評判で、知る人ぞ知る人気スポットになっている。

↓唐津駅から徒歩15分の唐津港から定期船で10分、高島港下船、徒歩すぐ。海上タクシーもある。☎0955・75・1185（宝当乃館）　参拝は8〜17時

◆七ツ釜《ななつがま》（唐津市屋形石）
玄界灘に面した玄武岩の断崖絶壁に7つの空洞が並んでいるところからこの名がついた。いずれも玄界灘の荒波に浸食されてできた海食洞。玄海国定公園の一部にあり、呼子港から遊覧船が出ている。

↓唐津大手口から昭和バスで38分、七ツ釜入口下車、徒歩20分。遊覧船の問合せは☎0120・425・194（マリンパル呼子）へ。

人気を集める
宝当神社

やきもの

◆中里太郎右衛門陶房《なかざとたろうえもんとうぼう》（唐津市町田）
元和元年（1615）に藩の御用窯となって以来、400年近い歴史を持つ唐津焼の第一人者の窯元。現在は14代が伝統を守っている。奥の陳列館では貴重な古唐津の名品を鑑賞できる。

↓JR唐津駅から徒歩5分。☎0955・72・8171　9〜17時30分　年末年始休

◆小次郎窯《こじろうがま》（唐津市二タ子）
衣干山の麓にある西岡小十氏の窯。西岡氏は古窯址発掘調査の経験を踏まえて古唐津の再現を目指し、小山冨士夫に師事。絵唐津や朝鮮唐津等を作り続けている。

↓JR唐津駅から車で10分。☎0955・72・8911　10〜17時　不定休（要確認）　工房見学可

◆隆太窯《りゅうたがま》（唐津市見借）
12代中里太郎右衛門の五男で、当代の叔父である中里隆氏の窯。釉薬をかけずに焼成する〝唐津南蛮〟等を主に手がけている。窯名は小山冨士夫の命名。

↓JR唐津駅から車で10分。☎0955・74・3503　9〜17時　無休（工房は日曜休）　工房見学可

◆山瀬窯《やませがま》（浜玉町）
田中佐次郎氏の窯。山瀬古窯址のすぐ近くに登窯を築き、山瀬の土で独特の風合いを持つ作品を生みだしている。

↓JR浜崎駅から車で約30分。☎0955・56・8280　工房見学は要連絡

食べる

◆川島豆腐店《かわしまとうふてん》（唐津市京町）【豆腐】
唐津藩に豆腐を献上していた歴史を持つ江戸時代創業の豆腐専門店。国産大豆を使ったざる豆腐（500円〜）の人気はいまや全国区。店の奥にある食事コーナーは予約制（豆腐コース1500円）となっている。

↓JR唐津駅から徒歩3分。☎0955・72・2423　8時〜18時30分　食事は8時〜、12時〜（各10名まで、要予約）　日曜休

◆つく田《だ》（唐津市中町）【すし】
その日仕入れたネタで、江戸前のにぎりを食べさせてくれるカウンター7席のみの小さな店。器はすべて中里隆氏のもの。にぎりは昼3500円〜、夜5000円〜、おまかせコース1万円〜。

↓JR唐津駅から徒歩5分。☎0955・74・6665　12〜14時、18〜22時　月曜休　要予約

◆海幸《かいこう》（唐津市本町）【すし】
看板メニューは、玄界灘のサバと北海道松前産の上質昆布を使った松前寿し（2200円）。みやげとして買う人も多い。特上にぎり3000円、おまかせコース4000円〜。

↓JR唐津駅から徒歩5分。☎0955・73・7856　12〜翌1時　月曜休

◆飴源《あめげん》（浜玉町）【川魚料理】
天保9年（1838）創業の川魚料理

川島豆腐店のざる豆腐

の老舗。手のひらほどの大きさの川ガニであるツガニ料理が名物。ツガニコース5000円〜。⬇JR浜崎駅から車で5分。☎0955・56・6926 11〜21時 第1、3火曜休

買う

白いのがけえらん、時計回りにさよ姫、松原おこし、松露饅頭 右は曳山ガム

◆大原老舗《おおはらろうほ》（唐津市本町）【松露饅頭】

「松露饅頭」は唐津を代表する銘菓。丸めた餡を薄い生地で包んだ一口サイズの饅頭で、虹の松原に自生する茸「松露」に似ていることからこの名が付いた。1個70円、10個入800円。⬇JR唐津駅から徒歩7分。☎0955・73・3181 8時30分〜19時 年始休

◆開花堂《かいかどう》（唐津市本町）【さよ姫】

松浦佐用姫の伝説をモチーフにした干菓子「さよ姫」は、和三盆と粉糖を使い、貝殻等をかたどった菓子。上品な味わいが評判で、茶会用にと求める人が多い。25個入700円、45個入1000円。唐津駅にも出店している。⬇JR唐津駅から徒歩5分。☎0955・72・5750 8時30分〜19時 無休

◆菓子舗池田屋《かしほいけだや》（唐津市中町）【曳山ガム】

唐津くんちの14台をかたどった風船ガム「曳山ガム」が有名。1個230円〜。⬇JR唐津駅から徒歩5分。☎0955・74・3753 10〜21時 無休

◆伊藤《いとう》けえらん（浜玉町）【けえらん】

白米粉で作った餅にこし餡を包んだ和菓子「けえらん」。朝鮮出兵の際、豊臣秀吉に献上するために作ったのが始まりだと言われる。1個70円。⬇JR浜崎駅から徒歩5分。☎0955・56・6901 8〜21時 無休

◆マリンセンターおさかな村《むら》（浜玉町）【魚介】

大きないけすで泳ぐ玄界灘で獲れた活魚、唐津魚市場に揚がったばかりの鮮魚、干物、特産品等が威勢のいいかけ声とともに売られている。食事処もあり、観光客にも地元の人にも大人気。⬇JR虹ノ松原駅もしくは浜崎駅から車で5分。☎0955・56・2200 8〜19時 1/1休

マリンセンターおさかな村では地方発送も可能

泊まる

◆洋々閣《ようようかく》（唐津市東唐津）

明治26年創業の老舗旅館。100本もの老松のある1800坪の敷地に建つ。中里隆氏の器で、玄界灘の海の幸を中心とした料理を堪能できる。⬇JR唐津駅から車で6分。☎0955・72・7181 1泊2食付1万7000円〜

◆水野旅館《みずのりょかん》（唐津市東城内）

唐津城のそばにあり、家老の屋敷門だったという重厚な門が目印の宿。全室から海が見える。夕食は、天然魚を使った活き造り中心の会席料理。⬇JR唐津駅から車で5分。☎0955・72・6201 1泊2食付2万円〜

◆唐津《からつ》シーサイドホテル（唐津市東唐津）

目の前はすぐ海で、虹の松原にも隣接する好立地のホテル。虹の松原や海を望む東館と全室オーシャンビューの西館からなる。西館には唐津湾を一望できる展望風呂がある。⬇JR東唐津駅から車で3分。☎0955・75・3300 シングル1泊9000円〜

呼子 yobuko

東松浦半島の先端にある港町で、古くから海上交通の要衝の地として栄えた。周囲には豊臣秀吉が朝鮮出兵の前線基地として築いた名護屋城跡が、諸大名の陣跡とともに残され、国の特別史跡に指定されている。玄界灘に面した町らしく海の幸が豊富で、とくにイカの活き造りはこの地の名物。とれたての魚介類が並ぶ朝市も人気で、週末など観光客でにぎわっている。周辺は、〝新佐賀百景〟第一位に選ばれた呼子大橋、加部島や波戸岬、玄界灘の荒波が生んだ景勝地・七ツ釜など眺望も抜群だ。

[呼子へのアプローチ]

◉**バス利用の場合**＝JR唐津駅から徒歩5分の唐津大手口から昭和バス呼子線で30分、呼子下車。

◉**車利用の場合**＝長崎自動車道多久ICから国道203、204号線経由で約50km。

[問合せ先]
呼子町観光課 ☎0955・82・3011
ホームページ http://www.town.yobuko.saga.jp/
呼子観光案内所 ☎0955・82・3426
鎮西町商工観光課 ☎0955・82・2113
ホームページ http://www.town.chinzei.saga.jp/index.html

見る

◆**田島《たじま》神社《じんじゃ》**（呼子町加部島）
加部島漁港に面した神社で、海上安全の神として古くから知られている。境内には、羽衣、浦島と並ぶ日本三大伝説の主人公・松浦佐用姫を祀る神社があり、佐用姫が石化したと伝えられる「望夫石」が置かれている。

⬇呼子から昭和バスで10分、加部島渡船場前下車、徒歩3分。☎0955・82・3347 境内自由

◆**名護屋《なごや》城跡《じょうあと》**（鎮西町名護屋）
豊臣秀吉が朝鮮出兵の際、軍事的拠点として5ヶ月で完成させたといわれる城で、現在は石垣や礎石が残る。天守台跡からの眺めが気持ちいい。城跡の周辺に点在する徳川家康、前田利家、伊達政宗ら大名たちの陣跡（23ヶ所）とともに国の特別史跡に指定されている。

⬇名護屋城博物館入口バス停から徒歩5分。車だと呼子から約10分。問合せは名護屋城跡観光案内所☎0955・82・5774へ。清掃協力費100円 9〜17時 無休
※城跡の一角に町立の茶苑「海月」が建っている。散歩の帰りに一服してみては。☎0955・82・4384 入苑料500円（抹茶菓子付）9時30分〜17時（入苑は16時30分まで）年末年始休

◆**佐賀《さが》県立《けんりつ》名護屋城《なごやじょう》博物館《はくぶつかん》**（鎮西町名護屋）
名護屋城跡に隣接して建つ。日本列島と朝鮮半島の交流の歴史を紹介。《肥前名護屋城図屏風》をはじめ貴重な美術品や文献など約500点を展示している。

⬇名護屋城博物館入口バス停から徒歩5分。☎0955・82・4905 無料（但し特別企画展開催時を除く）9〜17時（入館は16時30分まで）月曜休（祝日の場合は翌日）

食べる

◆**河太郎《かわたろう》**（呼子町呼子）【イカ】
捌いたばかりのイカの透明度、コリコリした食感、甘みのある美味しさは感動モノ。いつも観光客でにぎわっている。イカ活造り定食は2500円。

⬇呼子フェリー発着所バス停からすぐ。☎0955・82・3208 12〜19時30分（土日祝日は11時〜、月曜は18時30分まで）無休

買う

◆**呼子《よぶこ》の朝市《あさいち》**（呼子町呼子）
石川県の輪島、岐阜県の高山とならぶ日本の三大朝市のひとつ。地元でとれた魚介類のほか、自家製のイカの一夜干しや塩辛、鰯のみりん干しなども売られている。

⬇呼子バス停から徒歩2分。問合せは呼子町観光課へ。7時30分〜12時 1/1休

一口メモ

呼子みやげは、新鮮な魚介だけではない。甘党に人気なのが、呼子町加部島の特産、甘夏ミカンを使ったデザート。「甘夏かあちゃん」（☎0955・82・2920）の無添加ゼリーは1個250円〜。辛党には「松浦漬本舗松簾」（☎0955・82・3111）の鯨のカブラ骨（軟骨）を粕漬けにした珍味「松浦漬」がおすすめ。捕鯨基地として栄えた明治25年頃に考案されたもので、酒の肴にもいいし、白いアツアツのご飯にのせて食べてもおいしい。

一足のばして有田、伊万里へ

せっかく唐津へきたのなら、もし日程に余裕があれば、ぜひ有田・伊万里方面へも足をのばしたい。磁器の積み出し港として栄えた伊万里の南には、鍋島藩の秘窯が置かれた大川内山があり、いまも約30の窯元が軒を連ねている。そそり立つ岩山の麓にあるこぢんまりとした里は散策にぴったり。日本の磁器の発祥の地・有田では、柿右衛門窯や今右衛門窯、源右衛門窯などを訪ねたり、佐賀県立九州陶磁文化館で古伊万里などの充実したやきものコレクションを堪能してみてはいかが。近くには武雄温泉や嬉野温泉もあり、できれば車での移動がおすすめ。

[問合せ先]
伊万里市商工観光課 ☎0955・23・2111
伊万里市観光協会 ☎0955・23・3479
有田町商工観光課 ☎0955・43・2101
有田観光協会 ☎0955・42・4111
武雄市商工観光課 ☎0954・23・9237
嬉野町観光商工課 ☎0954・42・3310

主要参考文献

◆水町和三郎『出光美術館選書6·7 古唐津』上下
1973年 出光美術館／平凡社
◆『とくさ 田中丸善八翁追悼集』 1974年
故田中丸善八翁追悼集刊行会
◆小山冨士夫『骨董百話』 1977年 新潮社
◆『小山冨士夫著作集』中 1978年 朝日新聞社
◆『柳宗悦全集』著作篇12 1982年 筑摩書房
◆林屋晴三監修『茶碗 一楽二萩三唐津』 1983年
淡交社
◆朝日新聞社編『朝日·美術館風土記シリーズ14
古唐津と出光美術館』 1983年 朝日新聞社
◆林屋晴三編『日本の陶磁5 唐津』 1989年
中央公論社
◆中里太郎右衛門『日本陶磁大系13 唐津』 1989年
平凡社
◆「九州古陶磁の精華 田中丸コレクションのすべて」
展図録 1990年 福岡市美術館
◆ハリー・パッカード『日本美術蒐集記』 1993年 新潮社
◆矢部良明『日本陶磁の一万二千年』 1994年 平凡社
◆廣田煕『無欲の優作』 1996年 真生出版
◆『日本美術館』 1997年 小学館
◆森孝一編『陶に遊び美を極める 青山二郎の素顔』
1997年 里文出版
◆『陶説』1997年7月号「唐津研究のいま」 日本陶磁協会
◆『遊樂』1998年1月号 むげん出版
◆『華南のやきもの』 1998年 根津美術館
◆「大皿の時代展」図録 1998年 出光美術館
◆「陶磁器の文化史」展図録 1998年
国立歴史民俗博物館
◆『陶説』1999年8月号「唐津研究I」 日本陶磁協会
◆『陶説』1999年12月号「唐津研究II」 日本陶磁協会
◆吉岡康暢編『国立歴史民俗博物館研究報告94
陶磁器が語るアジアと日本』 2002年
国立歴史民俗博物館
◆『角川日本陶磁大辞典』 2002年 角川書店
◆「昭和の桃山復興 陶芸近代化の転換点」展図録
2002年 東京国立近代美術館
◆「知られざる唐津」展図録 2002年 根津美術館
◆『青山二郎全文集』上下 2003年 ちくま学芸文庫

本書は「芸術新潮」2003年4月号特集
「唐津 日本のやきものルネサンス」を
再編集・増補したものです。本文中、
[編集部]の表記のある文章は、
「芸術新潮」編集部によるものです。

掲載データは2004年2月現在のものです。

写真提供

◆和泉市久保惣記念美術館（28頁）
◆大阪市立東洋陶磁美術館（42頁上）
◆出光美術館（48頁上2点、54頁3点、57頁）
◆福岡市博物館（50頁）
◆京都市埋蔵文化財研究所（51頁2点）
◆壺中居（65頁下）
◆一力安子（66〜68頁）
◆（財）田中丸コレクション（72〜74頁）
◆石水博物館（77頁左）
◆佐賀県立博物館（107頁）
◆根津美術館（108頁、111頁左、112頁左、113頁右）
◆呼子町役場（116頁下左）
◆唐津市観光課（122頁、125頁下、126頁上）

地図製作

ジェイ・マップ（白砂昭義）

ブック・デザイン

大野リサ＋川島弘世

とんぼの本

唐津《からつ》 やきものルネサンス

発行 2004年3月10日
2刷 2014年9月30日

著者 青柳恵介《あおやぎけいすけ》 荒川正明《あらかわまさあき》
川瀬敏郎《かわせとしろう》 西田宏子《にしだひろこ》
発行者 佐藤隆信
発行所 株式会社新潮社
住所 〒162-8711 東京都新宿区矢来町71
電話 編集部 03-3266-5611
読者係 03-3266-5111
http://www.shinchosha.co.jp
印刷所 大日本印刷株式会社
製本所 加藤製本株式会社
カバー印刷所 錦明印刷株式会社

乱丁・落丁本は、ご面倒ですが小社読者係宛お送り下さい。
送料小社負担にてお取替えいたします。
価格はカバーに表示してあります。

ISBN978-4-10-602113-8 C0372